JN441312

이길으라
행복합니다

이글스라 행복합니다

초판 1쇄 발행 | 2026년 1월 5일
초판 2쇄 발행 | 2026년 1월 12일

지은이 | 배영은, 정민철
펴낸이 | 박영욱
펴낸곳 | 북오션

주 소 | 서울시 마포구 월드컵로 14길 62 북오션빌딩
이메일 | bookocean@naver.com
네이버블로그 | blog.naver.com/bookocean_rabbit
페이스북 | facebook.com/bookocean.book
인스타그램1 | instagram.com/bookocean777
인스타그램2 | instagram.com/supr_lady_2008
X | x.com/b00k_0cean
틱톡 | www.tiktok.com/@book_ocean17
유튜브 | 쏠쏠TV · 쏠쏠라이프TV
전 화 | 편집문의: 02-325-9172 영업문의: 02-322-6709
팩 스 | 02-3143-3964

출판신고번호 | 제 2007-000197호

ISBN 978-89-6799-920-9(03810)

송진우 장종훈 구대성 정민철 김태균 류현진 채은성 노시환 문동주 문현빈

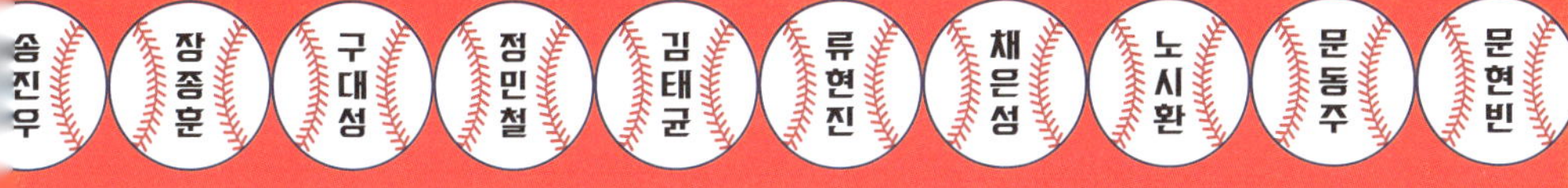

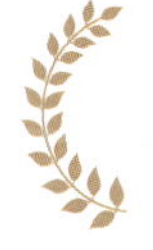

류현진부터 문동주까지,
한화의 희로애락을 함께한 사람들 이야기

이글스라

Hanwha
Eagles
Baseball Club

행복합니다

배영은*정민철 지음

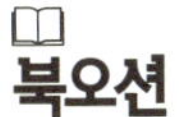

북오션

추천사

손 혁

오랜 기간 한화를 취재하고, 안팎에서 깊은 애정으로 지켜본 저자들만이 쓸 수 있는 내용들로 가득 찬 책이다. 한화이글스의 역사라고도 할 수 있는 흥미로운 스토리들은 마치 지하 깊은 곳에 묻혀 있던 보석들이 마침내 세상 밖으로 모습을 드러내 반짝이는 듯하다. 책을 집필해 본 경험자로서 이 책의 퀄리티에 박수를 보낸다.

\- 한화 단장

차태현

나는 한화이글스의 오랜 팬이다. 그래서 우리 팀 이야기로 가득한 이 책을 한 줄, 한 줄 무척 공감하며 읽었다. 이 책은 이글스팬이 느끼는 행복만 나열한 게 아니다. 배영은 기자의 오랜 취재 뒷얘기와 한화 레전드 정민철 해설위원의 생생한 경험담에 책장이 빠르게 넘어갔다. 책을 덮고 떠오른 생각. 역시 이글스라 행복하다.

\- 배우이자 한화팬

김태균

이 책에는 한화이글스가 '암흑기'라 불리던 힘겨운 시간을 통과해 다시 희망을 찾은 오늘까지, 정민철 선배님이 직접 걸어온 길과 배영은 기자의 진심 어린 기록이 고스란히 담겨 있습니다. 팬들에게는 그 시절을 함께 떠올릴 수 있는 특별한 선물이 될 것이고, 후배 선수들에게는 결코 포기하지 않는 도전과 인내의 상징으로 남을 것입니다. 저 역시 이 책을 읽으며, 한화이글스의 한 구성원으로 함께했던 순간들이 더욱 자랑스럽게 다가왔습니다. 한화이글스를 사랑하는 모든 분들께 이 책을 꼭 권하고 싶습니다.

\- 한화의 영원한 52번

류현진

이 책을 읽으며, 나의 이야기가 한화이글스의 역사 속에 함께하고 있다는 행복을 다시 한번 느꼈다. 정민철 선배님의 시선으로 본 우리 팀 이야기가 이렇게 흥미로울 수 있구나 싶어 단숨에 읽힌 책이었다.

읽는 내내 웃음도 나고, 그 시절 추억이 새록새록 떠올랐다. 이 책에는 그야말로 '한화이글스' 그 자체가 가득 담겨 있다. 현장의 생생한 이야기부터 따뜻한 비하인드까지, 막힘 없이 술술 읽힌다. 야구를 사랑하고 이글스를 마음속에 품고 있는 독자라면, 누구든지 공감하며 즐겁게 읽을 수 있는 책이다.

무엇보다 내가 존경하고 사랑하는 정민철 선배님, 그리고 오랜 시간 묵묵히 나를 지켜봐 준 배영은 기자님이 함께 만든 책이라 더 따뜻하게, 마음 깊이 와닿았다.

\- 한화의 99번 투수

배지현

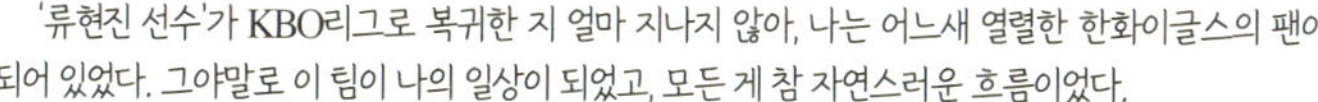

'류현진 선수'가 KBO리그로 복귀한 지 얼마 지나지 않아, 나는 어느새 열렬한 한화이글스의 팬이 되어 있었다. 그야말로 이 팀이 나의 일상이 되었고, 모든 게 참 자연스러운 흐름이었다.

이 책에는 한화이글스의 현장이 살아 있다. 야구장을 가득 채운 공기, 선수들의 땀과 미소, 그리고 그 순간을 함께한 사람들의 이야기가 한 편의 영화처럼 펼쳐진다. 나처럼 이글스를 사랑하는 이들에게는 놓칠 수 없는 한 권이 될 것이다.

무엇보다 나는 남편의 여정을 글로 마주할 때마다 묘한 뿌듯함이 밀려오고는 하는데, 이번에는 말 그대로 '특별판'이었다. 우리 부부와도 각별한, 한화이글스의 시대를 함께 써내려간 레전드, 그리고 오랜 시간 야구와 사람을 진심으로 담아온 기록자 - 이 두 분의 손끝에서 완성된 이야기였으니까.

- 한화의 '형수님', 전 MBC 스포츠+ 아나운서

권상우

대전에서 태어나고 자란 나는 학창시절 대전고 운동장에서 자주 농구를 했다. 어느날 대전고 야구부 유니폼을 입은 형이 "같이 놀자!"고 불렀다. 둘이 농구를 하면서 꽤 즐거운 시간을 보냈다. 당시 운동부 학생들은 거친 편이었는데, 그 형은 참 유쾌했고 배려심도 넘쳤다. 대전고 운동장의 흙바닥, 르카프 농구 골대. 오랜 시간이 지나도 여전히 생생한 기억이다.

그때 그 형이 바로 한화 이글스의 레전드 정민철이다. 그 후 TV에서 정민철 선수를 볼 때마다 '저 분은 그때의 나를 기억 못 하시겠지? 알려드리고 싶다'고 생각하면서 혼자 웃곤 했다.

대전 출신으로서 늘 이글스가 언젠가는 더 높이 비상하기를 마음속으로 바라곤 했다. 그 과정을 이 책의 글과 사진으로 생생하게 만날 수 있어서 무척 기뻤다. 그리고 그 책의 공동 저자가 정민철이라서 더욱 즐거운 경험이었다.

- 배우

윤종신

2001년 내 콘서트를 찾아온 한화 투수 정민철은 날 놀라게 했다. 흔히 다들 아는 내 노래가 아닌, 진짜 섬세한 나만의 이야기를 담은 노래들을 다 꿰고 있었다. 그 후 나에게 정민철은 섬세한 감성 야구인으로 기억된다. 사랑하는 한화 이글스에 오랜동안 몸담으며 기록한 그의 마음 또한 섬세하고 애틋하다. 2025년 한화에 찾아온 가을 만큼이나, 이 책이 반갑다.

- 가수 겸 작곡가

윤현민

2005년 프로야구 신인드래프트날, 한화에서 내 이름을 호명했다. 그렇게 나의 20대가 시작되었다. 처음 찾은 대전야구장 라커룸에서 난 그들을 보았다. 송진우, 장종훈, 김태균, 이범호 그리고 정민철. 나와 같은 유니폼을 입고 계신 선배님들. 그 공간에, 그 이글스의 역사에 함께 존재했다는 것은 지금 내 배우 인생에 큰 자부심이다. 이 책은 치열했던 이글스의 역사를 생생하게 담았다. 그들의 오랜 이야기가 냉철하면서도 따뜻한 시선으로 기록됐다. 언젠가 찾아올 이글스의 우승을 누구보다 응원하면서, 이 책을 읽는 모든 분들과 함께할 독수리의 힘찬 비상을 기대한다.

- 전 한화 선수, 배우

프롤로그

이글스라 행복합니다

"나는 행복합니다. 이글스라 행복합니다."

한화이글스 팬이 늘 목 놓아 부르던 이 응원가는, 사실 100% 진심은 아니었다. 그들은 꽤 오랫동안 '우리 팀이 야구 잘하는 행복'을 모르고 살았

다. 관중석에서 신나게 "행복하다"고 노래했지만, 진짜 행복한 마음으로 집에 돌아간 날은 그리 많지 않았다. 8회가 찾아오면 앰프도 음악도 없이 육성으로 "최! 강! 한! 화!"를 외치면서도, 진짜 한화가 '최강'이라는 생각은 차마 하지 못했다. 언젠가는 행복해지겠지, 언젠가는 최강이 되겠지. 그렇게 믿고, 기다리고, 위안을 삼고, 주문을 걸고, 그러다 지치기도 하면서, 그들은 그 오랜 시간을 버텼다.

2025년은 달랐다. 한화 팬은 정말로, 이글스라 행복했다. 한화는 꽤 많은 날 동안 순위표 맨 꼭대기를 지켰고, 시즌 마지막까지 치열하게 우승 경쟁을 했다. 1년에 한 번도 어렵다는 10연승도 두 번이나 해냈다. '코리안 몬스터'와 '대전 왕자'가 앞서거니 뒤서거니 마운드에 올랐고, '끝내주는 돌멩이'가 대전 야구팬의 심장을 여러 차례 저격했다. 둘이서 33승을 합작한, 이글스 역사상 최고의 외국인 원투펀치도 탄생했다.

여기서 끝이 아니다. 새 홈구장 대전 한화생명볼파크에서 열린 73경기 중 62경기가 매진돼 KBO리그 역대 최다 기록을 썼고, 선수들은 홈 승률 전체 1위(0.620·44승 2무 27패)의 성적으로 보답했다. 시즌이 끝난 뒤엔 '투수 4관왕'에 빛나는 폰세가 정규시즌 최우수선수(MVP)로 뽑혔다. 2006년의 류현진 이후 19년 만에 처음으로 한화 출신 MVP가 나왔다. 심지어 폰세-와이스 듀오는 한 팀 외국인 투수 두 명이 동시에 메이저리그 구단과 계약하는, 역대 최초의 사례를 남겼다. 한화 구단은 11월 30일 창단 40주년을 기념하는 멀티미디어 불꽃쇼를 열어 대전 하늘에 그 어느 때보다 화려한 불꽃 잔치를 벌였다.

그래도 역시 가장 값진 성과는, 한화가 팬들에게 선물한 '10월의 야구'다. 2018년엔 정규시즌을 3위로 마치고도 PO로 향하는 문턱을 넘지 못했는데, 2025년엔 PO를 거쳐 가을야구 최고 무대인 한국시리즈까지 올랐다. 베테랑 선수들이 마지막 기운을 모아 팀을 포스트시즌으로 밀어 올렸

던 7년 전과 달리, 2025년 한화의 가을은 빛나는 현재만큼이나 눈부신 미래를 보여줬다.

무엇보다 한화는 주장 채은성이 누누이 강조했던, '가을 경험'의 시작 버튼을 눌렀다. 그는 암흑기의 LG가 포스트시즌 단골팀을 거쳐 부동의 우승 후보로 변모하는 과정을 가장 가까이서 지켜봤다. 첫 포스트시즌 때는 잔뜩 긴장해서 어리바리하다 끝났는데, 두 번째 가을야구부터는 "완전히 달라진 걸 느꼈다"고 했다. "팀 성적에 대한 갈망이 커진 게, 아마 LG에서의 마지막 시즌(2022년)쯤인 것 같아요. 그 전에는 내 설 자리 하나 찾기에 바빴거든요. 그런데 어느 정도 자리를 잡고 나서는, 동료들과 함께 좋은 성적을 내는 게 훨씬 더 큰 기쁨을 준다는 걸 깨달았어요."

2025년의 한화 선수들도 딱 그랬다. 그들도 팬들처럼 꽤 오랫동안 '우리 팀이 야구 잘하는 행복'을 모르고 살았다. 그런데 이제는 팀을 위해 울고 웃다가, 이내 서로를 얼싸안고 승리의 환희를 만끽하는 데 익숙해졌다. 폭풍처럼 쏟아지는 팬들의 응원을 날개 삼아 다 함께 날아오르는 기쁨. 그

들 역시 1년 내내, 이글스라 행복했다. 어린 시절부터 이글스 팬이었던 한화의 한 직원은 이렇게 말했다. "매일매일 사람들의 함성을 들을 수 있는 직업이 세상에 많지 않잖아요. 그런데 2025년엔 그 함성을 더 많이 들었고, 의미 있는 순간도 정말 많았어요. 그것만으로도 무척 행복했습니다."

2025년 한화의 마지막 공을 던진 투수는 류현진이었다. 야구 인생의 99%를 매 경기 '첫 공'을 던지며 살아온 한화의 99번 투수. 그런 그가 한국시리즈 5차전 8회 초 불펜에서 걸어 나와 마지막 아웃카운트 6개를 잡았다. 오래 기다린 가을과의 아쉬운 작별 직전, 한화가 선택한 의미 있는 마무리였다. 더그아웃으로 돌아가는 류현진의 어깨와 그의 이름을 연호

하는 팬들의 표정에서 수많은 감정이 읽혔다. 10월의 마지막 날까지 환하게 빛나던 대전 한화생명볼파크는 그렇게 겨울잠에 들었다. 더 큰 함성으로 가득 찰 2026년을 기약하면서.

늘 "나는 행복하다"며 쓰린 속을 달래다가, 이제는 진짜로 행복해진 한화이글스. 그 순간을 위해 달려온 많은 사람들의 기나긴 이야기가 지금부터 시작된다. 일단 2006년, 절대 에이스 류현진의 입단이 그 스토리의 출발점이다.

목차

2부 다 갈아엎고 재도약 준비

3부 그들이 한화에 모여들었다

4부 2025년, 그 폭풍의 서막

5부 이글스의 가을이 돌아왔다

스페셜 스토리 - 주황빛 가을, 네 번의 승리

1부

류현진도, 백전노장도 막지 못한 암흑기

1 “아, 네가 개구나”

“아, 네가 개구나?”

2005년 8월. 인천 원정 중이던 정민철은 한화 선수단 숙소인 로얄호텔 로비 엘리베이터 앞에서 한 까까머리 선수와 마주쳤다. 평소 고교야구 경기를 찾아보지 않던 정민철이 그 선수를 알아본 건 순전히 우연의 일치. 바로 전날 낮 숙소에서 TV를 틀었다가 고교야구 경기를 잠깐 봤는데, 그때 마운드에 있던 투수를 다음 날 눈앞에서 맞닥뜨린 것이다. 직구와 커브로 먹고살았던 정민철은 그 선수의 커브가 마음에 쏙 들어 눈여겨봤다.

정민철의 눈을 사로잡았던 그 투수는 동산고 3학년 류현진. 당시 인천 문학야구장에선 아시아 청소년 야구선수권대회가 한창이었고, 류현진은 청소년 대표팀 멤버로 로얄호텔에서 합숙 중이었다. 문제는 그다음. 내심 반가운 마음에 일단 알은척은 했는데, 딱히 더 할 말은 없었다. “안녕하십니까!” “그래. 너 볼 좋더라.” “감사합니다!” 그게 끝. 그렇게 둘은 서로 갈 길을 갔다. 며칠 뒤, 정민철은 바로 그 투수가 신인 2차지명에서 한화의 1라운드 선택을 받았다는 소식을 들었다. ‘내년 봄에 하와이(스프링캠프지)

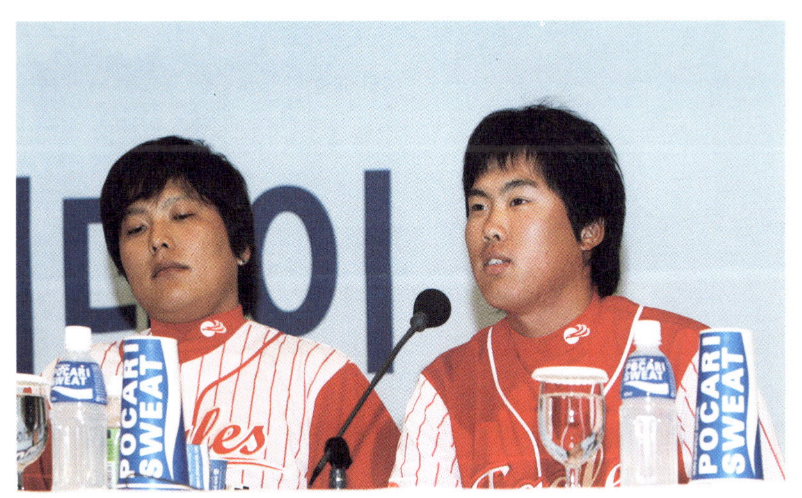

2006년 개막 미디어데이, 김태균과 데뷔 직전 류현진

에서 만나겠군.' 류현진은 일단 그렇게 정민철의 기억에서 잊혔다.

2006년 2월. 정민철은 하와이 스프링캠프에서 그 소년 투수와 재회했다. 당시 한화 선발진은 소위 '철밥통'이었다. 송진우, 정민철, 문동환 등 기존 베테랑 선발 투수들은 그때까지 밥그릇 걱정을 별로 안 하고 살았다. '선발 경쟁'은 그저 남의 팀 얘기. 당연히 다음 시즌에도 선발 한 자리가 보장됐을 거라 여겼다. 무엇보다 그들을 위협할 만한 후배 투수도 보이지 않았다.

그런데 그해, 캠프 분위기가 미세하게 요동쳤다. 정민철은 아직도 그 순간을 기억한다. 외야에서 가볍게 몸을 풀고 있는데, 베테랑 심판 한 명이 상기된 얼굴로 달려왔다. 저 멀리 불펜에서 신인 류현진이 막 피칭을 끝낸 뒤였다. 그 심판은 다짜고짜 엄지를 치켜세웠다. "야, 너네 물건 하나 나오

신인 시절 류현진

겠더라."

처음엔 그 시기에 으레들 하는, 신인 선수를 향한 격려 섞인 립서비스로 여겼다. 그런데 평소 감정 표현이 크지 않던 최동원 투수코치가 류현진을 유독 예뻐하는 게 눈에 보였다. 당시 김인식 감독은 2006년 월드베이스볼클래식(WBC) 대표팀을 지휘하러 자리를 비운 상태였는데, 최 코치가 김 감독에게 전화해 "신인 하나 제대로 들어온 거 같다"며 기뻐했다는 얘기도 들렸다. 류현진이 캠프 자체 청백전에 처음 등판하던 날, 불펜에서 연습 투구를 지켜보고 나서야 위기감이 몰려왔다. 정민철은 그때부터 부쩍 훈련을 열심히 하게 됐다. 주변을 돌아보니, 다른 베테랑 투수들도 왠지 같은 마음인 것 같았다. 눈빛만 봐도 알 수 있는 이심전심. '아, 이거 심상치 않다.'

그래도 개막 전까지는 류현진을 둘러싼 외부의 관심이 그리 크지 않았다. 분위기가 확 달라진 건 2006년 4월 12일. 한화의 고졸 신인 투수 류현진이 LG 트윈스를 상대로 프로 데뷔전을 치른 날이었다.

앳된 얼굴의 신인 투수가 LG 첫 타자 안재만을 삼진으로 돌려세우는 순간, 잠실구장 공기가 달라졌다. 삼진, 삼진, 삼진 그리고 또 삼진. 류현진은 7$\frac{1}{3}$이닝 10탈삼진 무실점으로 한화의 4-0 승리를 이끌고 프로 첫 승리를 따냈다. 그 후 며칠간 정민철이 야구장 안팎에서 만난 모든 사람이 '류현진'이라는 이름을 입에 올렸다. "걔 뭐야?"라는 감탄사와 함께. 한화의 '절대 에이스' 류현진의 역사는, 그렇게 시작됐다.

그때 정민철이 가장 눈여겨본 건, 류현진의 대담한 멘털이었다. 소위 '프로 밥'을 먹은 사람은 투수가 공을 던질 때 경기와 투구의 흐름을 살핀다. 처음에 어떤 공으로 출발했나, 수세에 몰렸을 때 어떻게 이겨냈나. 보통의 신인 투수는 초구, 2구에 잇달아 볼이 들어가면 제풀에 기가 꺾이기 마련이다. 류현진은 달랐다. 불리한 볼카운트로 출발해도 주눅 들지 않았고, 어떻게든 승부를 자신에게 유리한 쪽으로 끌고 왔다. 애초에 위기를 잘 맞지도 않는데, 어려운 상황이 닥치면 집중력이 더 높아졌다.

무엇보다 류현진은 어린 나이에도 말투와 표정, 행동거지에 큰 기복이 없었다. 나중에 메이저리그 평균자책점 1위 투수가 된 뒤에도 절대 변하지 않았던 특징이다. 정민철은 늘 선발투수에게 가장 필요한 덕목으로 일관성과

1999년 한국시리즈 우승 후 만세를 부르며 기뻐하는 정민철

평정심을 꼽곤 했는데, 류현진은 그 장점을 이미 체득한 채 프로에 왔다. 류현진의 두 번째 경기가 끝났을 때, 정민철은 깨달았다. '단발성 호투가 아니구나. 곧 리그를 지배할 친구구나.' 한참 어린 후배로 보였던 류현진을 경쟁자이자 팀메이트로 인식하게 된 순간이었다.

실제로 시즌 중반 무렵엔 모든 언론이 류현진을 '괴물'이라 부르기 시작했다. 상대 팀들의 끈질긴 현미경 분석도 류현진 앞에선 무용지물이었다. 그는 그렇게 순식간에 '슈퍼 루키'를 넘어 대한민국 최고 투수가 됐다. 데뷔 첫 시즌 성적이 18승 6패, 평균자책점 2.23, 탈삼진 204개. 1991년의 선동열 이후 15년 만이자 신인 선수로는 최초로 투수 트리플 크라운(승리·

2006년 MVP와 신인왕을 동시 수상한 류현진

평균자책점·탈삼진 1위)을 달성했다. 또 KBO리그 역대 최초로 정규시즌 최우수선수(MVP)와 신인왕을 동시 수상하는 역사를 썼다. 한 번도 빠짐없이 선발 로테이션을 돌면서 30경기에 나가 총 $201\frac{2}{3}$이닝을 던진 결과다.

요즘 같은 시대에 갓 입단한 고졸 투수에게 200이닝을 던지게 하면, 아마 모든 야구 관계자와 야구팬들이 구단과 감독을 비난할 것이다. 류현진처럼 고교 시절 팔꿈치 수술 경력이 있는 선수라면 더 그렇다. 하지만 그 시절엔 그런 게 가능했다. 류현진은 말 그대로 '힘이 닿는 데까지' 그저 던지고 또 던졌다. 한창 젊고 싱싱하고 의욕이 넘칠 시기였으니, 힘든 줄도 몰랐다. 그 왼팔의 힘으로 한화는 포스트시즌에 올랐다. 정규시즌 3위. 준플레이오프(준PO)가 그해 한화의 가을야구 첫 무대였다.

이제 마흔이 다 된 베테랑 류현진은 그 시기를 이렇게 회상했다. "그땐 프로에 가면 다 가을에 야구하는 줄 알았죠. 경기에 나가서도 아무 생각 없이 포수 사인대로 그냥 막 던지기만 했고요. 너무 어렸으니까, 그게 얼마나 소중한 순간인지도 잘 몰랐어요. 그런데 지금은? 모든 게 마지막 기회처럼 느껴져요. 간절하고, 절실합니다."

2 두 번의 가을, 그땐 몰랐던 것들

2006년 준PO는 3전 2선승제였다. 한화는 4위 KIA 타이거즈를 2승 1패로 꺾었다. 1차전을 이기고 2차전을 내줬지만, 3차전을 다시 이겨 플레이오프(PO)에 올랐다. 시리즈 MVP는 타율 0.545 맹타를 휘두른 외야수 고동진이었다. 2025년 한화의 1군 전력분석코치로 다시 가을야구를 경험하게 된 그는 "그때만 해도 우리 팀이 매년 한국시리즈에 올라갈 줄 알았다"고 했다.

그다음 단계인 PO 상대는 정규시즌 2위 현대 유니콘스. 2007년을 끝으로 해체된, 당대의 명문 구단이다. PO는 5전 3선승제였다. 한화는 1차전에서 패해 불리한 스타트를 끊었지만, 2~4차전을 내리 승리하는 파란을 일으켰다. 정민철이 2차전 선발로 나가 $5\frac{1}{3}$이닝 5피안타 1실점으로 역투했다. 간판 타자 김태균은 2차전(2점)과 4차전(3점)에서 연거푸 1회 결승 홈런을 터트려 시리즈 MVP에 올랐다. 3위 한화가 2위 현대를 제치고 가을 최고의 무대를 밟았다.

한국시리즈에 먼저 도착해 한화를 기다리던 팀은 삼성 라이온즈였다.

푹 쉰 삼성 선수들은 팔팔했고, 준PO부터 강행군을 이어온 한화 선수들은 쓰러지기 일보직전이었다. 전력도, 체력도 열세였던 '달걀로 바위 치기' 승부. 한화는 원정지 대구에서 1승 1패를 안고 홈 대전으로 왔지만, 3~4차전을 모두 내줘 벼랑 끝에 몰렸다.

그래도 선수들은 끝까지 최선을 다해 버텼다. 3차전 8회 2사 1루에선 대타로 나선 백업 포수 심광호가 당시 '난공불락'으로 통하던 삼성 오승환을 상대로 드라마틱한 동점 홈런을 터트렸다. 비록 경기는 졌지만, 그해 가을 가장 큰 화제를 만든 한 방이었다. 그 후에도 팽팽했다. 잠실로 자리를 옮겨 치른 5차전은 연장 15회 혈투 끝에 무승부로 끝났다. 6차전에서도 8회 김태균의 솔로홈런이 터지면서 2-3까지 끈질기게 추격했다. 그러나 의지로 극복할 수 있는 한계점이 딱 거기까지였다. 고동진은 "모두가 온 힘을 다했지만, 다들 지칠 대로 지쳐 힘이 다 빠져 있었다"고 아쉬워했다.

그때 정민철은 주장이었다. 예나 지금이나 투수는 '개인적인 포지션'이라는 인식이 강해 주장을 잘 맡기지 않는다. 독립적인 루틴으로 움직이는

2006년 한국시리즈 진출 기념 사진

선발투수에게는 더 그렇다. 그런데 정민철은 이례적으로 선수단 투표를 통해 주장이 됐다. 캡틴의 마음으로 동료들을 둘러보자, 그 전엔 안 보이던 게 보였다. 다들 몸은 녹초가 됐는데 눈빛만은 형형했다. 등판하지 않은 날 그라운드를 바라보고 있으면, 동료들의 투지가 피부로 느껴져 소름이 돋았다. 요즘 말로 '졌잘싸(졌지만 잘 싸웠다)'라는 신조어가 딱 어울렸던 가을. 한화는 그렇게 '아름다운 이인자'로 우승 도전을 마쳤다. 많은 이가 한화를 향해 "준우승도 기적"이라고 박수를 보냈다. 그다음 한국시리즈까지 19년이 더 걸릴 줄은 상상도 하지 못한 채.

그래도 2007년까지는 가을야구를 했다. 2년 차가 된 류현진은 신인 때보다 더 많은 211이닝을 책임졌고, 삼진 178개를 잡았다. 정규시즌

2006년 한국시리즈에서 투구하는 정민철

최종 성적은 17승 7패, 평균자책점 2.94. 송진우·문동환 등 베테랑 선발투수들이 다치거나 부진한 시즌이었는데, 류현진이 엄청난 기여도로 팀을 일으켜 세웠다. 1990년대의 에이스였던 정민철도 부활했다. 12승(평균자책점 2.90)을 올리면서 류현진과 원투펀치를 이뤘고, 연말 시상식에선 '재기상'을 휩쓸었다. 그해 한화는 류현진·정민철·세드릭 바워스까지 10승 투수 3명을 배출했다. 그 후 2025년이 돼서야 다시 두수 3명(코디 폰세, 라이언 와이스, 문동주)이 10승을 했으니, 암흑기 직전의 마지막 불꽃이었던 셈이다.

2006년 PO 등판을 앞둔 정민철

그해 한화는 다시 정규시즌 3위로 준PO에 나갔다. 4위 삼성을 2승 1패로 제압해 1년 전 한국시리즈의 패배를 설욕했다. 류현진의 투혼이 특히 눈부셨다. 그는 1차전 선발로 나서 $6\frac{2}{3}$이닝 8탈삼진 무실점으로 역투했고, 5-3 접전으로 끝난 3차전에 다시 구원 등판해 $3\frac{1}{3}$이닝을 1실점으로 막아냈다. 1차전에서 공 128개를 던진 투수가 이틀만 쉬고 55개를 더 던져 팀의 2승을 모두 뒷받침했다. 도합 10이닝 11탈삼진 1실점. 류현진은 그렇게 한화의 마지막 가을 시리즈 MVP가 됐다.

한화가 대전에서 일군 가을야구 승리도 그해 10월 12일 준PO 3차전이

한국시리즈를 앞두고 아이패치에 'V2'를 그려넣은 류현진

마지막이었다. 한화는 PO에서 당시 김경문 감독이 이끌던 두산 베어스에 1승도 못 거두고 3연패했다. 1차전 0-8, 2차전 5-9, 3차전 0-6. 그야말로 '완패'였다. 힘 한번 못 써보고 PO가 끝났고, 그다음 가을이 찾아오기까지는 무려 11년이 더 걸렸다.

그 후 한화는 2018년 정규시즌 3위로 모처럼 준PO 무대를 밟았지만, 4위 넥센(현 키움) 히어로즈에 1승 3패로 '업셋'당했다. 무엇보다 홈에서 열린 1·2차전에서 모두 2점 차 이내로 패한 게 가장 뼈아팠다. 참 오래 기다린 가을야구였는데, 홈 팬들에게 승리를 선물하지 못하고 조기 퇴장했다.

2006년 한국시리즈에서 투구하는 류현진

3

방심은 금물, 보릿고개가 시작됐다

2008년 한국 야구에는 큰 경사가 났다. 김경문 감독이 이끈 한국 야구 대표팀이 2008 베이징 올림픽에서 9전 전승으로 금메달을 땄다. 심지어 아시아 야구 최강국이자 '숙적'인 일본 최정예 대표팀과 두 번 맞붙어 두 번 다 이겼다. 이승엽·류현진·김광현 등 올림픽에서 맹활약한 선수들이 '국민 영웅'으로 떠올랐고, 눈에 띄게 시들어가던 야구 인기가 순식간에 반등했다. 단기적인 영향력으로 끝난 것도 아니다. 재능 있는 유소년 체육 유망주들이 대거 야구로 뛰어들어 10여 년 뒤 프로에서 기량을 꽃피웠다. 일명 '베이징 키즈'. 메이저리그 샌프란시스코 자이언츠에서 활약하는 이정후가 그 대표주자다. 베이징 올림픽 금메달은 분명 한국 야구의 양적·질적 성장을 이룬 기폭제였다.

그해 8월 KBO리그는 바로 그 올림픽을 이유로 4주가량 중단됐다. 각 구단 핵심 선수들이 올림픽에 출전해 평소보다 긴 브레이크가 필요했다. 열심히 달리던 8개 구단 선수들에게 모처럼 주어진 장기 휴가. 문제는 한화 선수들이 진짜 잘 '쉬기만' 했다는 것이다. 선수들끼리 "이래도 되나"라

김인식 감독

는 말을 주고받았을 정도로 꿀맛 같은 휴식을 취했다. 그때 모두가 긴장을 풀고 느슨해졌던 건, 한화가 상위권 한 자리를 굳건히 차지하고 있어서였다. 올림픽 전까지 한화의 성적은 SK 와이번스(현 SSG 랜더스)와 두산에 이은 3위. 2위 두산과는 게임 차 없이 접전 중이었고, 4위 롯데 자이언츠에는 4경기 차로 앞서 있었다. 올림픽 이후 남은 24경기에서 '현상유지'만 해도 충분히 포스트시즌에 갈 수 있을 거라 여겼다.

오판이었다. 국가대표 선수들이 복귀하고 한 달 만에 리그가 재개되자 한화의 승률은 급전직하했다. 올림픽 브레이크 이후 성적이 8승 16패. 승률이 고작 0.333로 그 기간 최하위였다. 주전들이 일제히 부진했는데, 그들을 대체할 백업 선수도 마땅치 않았다. 류현진이 선발 등판하는 날만 이긴다는 의미로 '패패패패류-패패패패류'라는 표현까지 탄생했다. 속절없는 하강곡선을 바라보면서 정민철은 '우리 팀이 힘들어지고 있다'는 걸 새삼 실감했다. 선수층이 너무 얇고 주전 의존도가 지나치게 높은 팀. 그게 한화의 현주소였다. 결국 한화는 마지막 한 달의 추락 탓에 8개 구단 중 5위로 시즌을 마감했다. 올림픽 이후 11연승을 달린 롯데가 3위로 올라섰고, 4위 삼성이 한화의 부진을 발판 삼아 12년 연속 포스트시즌에 진출했다. 한화는 그저 뒷짐을 진 채 그 모습을 바라만 봤다.

당시 내부자들이 느낀 한화의 가장 큰 문제는 '스카우트 실패'였다. 가뜩이나 대전·충청 지역 유망주 풀이 좁은데, 신인 2차 드래프트에서도 적극적으로 지명권을 행사하지 않았다. 2006년 2차 1라운드에서 운 좋게 전체 2순위까지 밀린 류현진을 건졌지만, 그건 말 그대로 '천운'이었다. 9라운드까지 지명 기회가 주어지는데도 2007년 8명, 2008년 5명, 2009년 6명을 각각 데려온 게 전부였다. 심지어 선수를 보는 안목도 뛰어나지 않았다. 기존 선수들마저 '대체 저런 선수를 왜 뽑은 거야?'라고 쑥덕거리게 하는 유망주가 한둘이 아니었다. 한화의 한 코치는 "왜 저렇게 엇비슷한 거포형 선수만 다 모아놨는지 모르겠다. 야구에는 힘 좋은 선수만 필요한 게 아닌데…"라며 한탄도 했다.

그렇게 젊은 선수들이 성장을 멈춘 사이, 베테랑 스타플레이어들은 세월의 한계에 부딪혔다. 30대 중반으로 접어든 정민철도 그랬다. KBO리그 역대 오른손 투수 최다승(161승)을 올리고, 역대 이글스 투수 최다 완투(60회)·완투승(49승)·완봉승(20승)을 해낸 그의 오른팔이 힘을 잃어갔다. 2005년을 '0승'으로 마쳤을 때부터 각오했던 하향세. 남들보다 두 배, 세

정민철의 은퇴

송진우의 은퇴

베 더 노력해도 안 되는 게 있다는 현실을 조금씩 받아들여야만 했다. '선수로 1년 더 연명하려고 억지로 팀에 붙어 있을 수는 없다. 이제 내가 물러나야 후배들이 설 자리가 생긴다.' 정민철은 서서히 은퇴를 생각하기 시작했다.

그런데도 한화는 위기를 대비하지 않았다. 2008년에도 전반기엔 잘했으니, 후반기의 부진이 그저 잠깐의 불운이라고 여겼다. 2009시즌 개막 전엔 오히려 팀 전체가 들떠 있었다. 수장이던 김인식 감독이 WBC 대표팀의 준우승 신화를 이끈 뒤 금의환향했다. 한화 간판타자였던 김태균과 이범호도 국가대표로 맹활약하고 팀에 복귀했다. 한화가 아닌 한국 야구의 업적이었는데, 어쩐지 샴페인은 한화가 대신 터트려야 할 것 같은 분위기였다.

현장과 프런트 모두 버거운 스포트라이트 속에서 방심하고 있던 그때, 결국 상징적인 사고가 터졌다. 김태균이 4월 26일 잠실 두산전에서 홈으로 슬라이딩하다 상대 포수와 충돌해 땅에 머리를 부딪혔다. 잠시 의식을 잃었을 정도로 충격이 강했고, 병원에선 '뇌진탕'이라고 진단했다. 불행히도 그 후유증이 한 시즌 내내 그를 괴롭혔다. 믿었던 김태균이 부상 여파로 고전하자 한화 타선의 민낯도 빠르게 드러났다. 에이스 류현진이 무려 $189\frac{1}{3}$이닝을 소화하면서 평균자책점 3.57을 기록했는데도 12패(13승)나 떠안았다. 그 유명한 '소년가장' 생활이 본격적으로 시작됐다.

설상가상으로 9월 12일 정민철, 9월 23일 송진우가 차례로 은퇴했다. 당시 KBO리그 통산 최다승 1·2위였던 두 레전드가 11일 간격으로 유니폼을 벗었다. 한화의 영구결번은 35번(장종훈)·23번(정민철)·21번(송진우)으로 늘었고, 마운드는 기둥뿌리까지 뽑혔다. 결국 2009년 한화는 '빙그레'로 창단했던 1986년에 이어 역대 두 번째 최하위로 시즌을 마쳤다. '한화'로 간판을 바꿔 단 이후로는 처음 겪는 수모였다. 한국 야구의 위대한 역사를 지휘했던 '국민 감독'도 그렇게 한화 사령탑에서 물러났다. '꼴찌'라는 성적표 앞엔 장사가 없었다.

4 '무'라도 있어야 '유'를 창조하지

2009년 11월 한화의 새 사령탑이 된 한대화 감독은 청천벽력 같은 소식을 들었다. '이범호 일본 진출 임박'. 이미 김태균이 일본 프로야구 지바롯데 마린스와 계약한 뒤였는데, 이범호마저 소프트뱅크 호크스로 떠날 거라고 했다. "앞으로 무(無)에서 유(有)를 창조하셔야 한다"고 위로했더니, 한 감독이 특유의 해학을 담아 항변했다. "아니, '무'라도 있어야 '유'를 창조하지."

한 감독은 대전고 출신이다. 광주(해태)와 서울(LG)에서 선수로 전성기를 보내고, 대구(삼성)에서 코치 생활을 오래 했지만, 고향으로 돌아와 1군 감독 데뷔를 앞둔 참이었다. '취임 선물'을 잔뜩 받고 의욕적으로 출발해도 모자랄 판에 상황은 정반대. 안 그래도 최하위였던 팀에서 타선의 버팀목이었던 두 기둥마저 사라졌다. 국가대표 4번타자 김태균의 이탈은 어느 정도 각오했지만, 이범호만큼은 구단이 잡아주길 바랐기에 더 충격적이었다. 두 타자가 WBC 일본전에서 너무 잘 치는 바람에 일본 구단들의 레이더에 단단히 걸려버린 게 문제라면 문제였다.

속이 탄 건 한화 구단도 마찬가지였다. 이범호마저 일본 구단과 계약 직전이라는 '빅 뉴스'가 터지자 구단 고위층은 상황을 파악하느라 분주해졌다. 한화는 일찌감치 "김태균과 이범호를 모두 잡겠다"고 선언했고, '실탄'으로 4년 기준 70억 원과 50억 원을 각각 준비해 자유계약선수(FA) 협상 테이블에 앉았다. 그러나 애초에 일본 구단과의 '머니게임'에서 상대가 안 됐다. 지바롯데는 김태균에게 3년 7억 엔(당시 환율로 90억 원)을 안겼고, 소프트뱅크는 이범호에게 2+1년 최대 5억 엔(65억 원)을 제시했다. 은퇴 후 막 코치 생활을 시작한 정민철은 새삼 달라지는 팀 분위기를 실감했다.

'이제 진짜 보릿고개가 시작되는구나. 정신을 바짝 차려야겠다.'

강팀은 주전과 백업의 기량 차가 크지 않다. 선수층이 두꺼워야 수많은 변수로 가득 찬 장기 레이스를 지배할 수 있다. 그러려면 주축 선수 의존도를 차츰 줄여야 하는데, 오히려 2010년 한화는 본격적으로 '류현진의 팀'이 됐다. 심지어 시즌이 한창이던 6월 말, 주전 3루수 송광민이 시즌 중 군에 입대하는 초유의 사건도 겪었다. 선수의 황당한 착각과 프런트의 안일한 대처가 속이 뒤집어질 정도로 잘 맞아떨어진 결과였다. 현장 사정도 좋지 않았다. 개막 전 에이스로 기대가 컸던 외국인 투수 호세 카페얀이 1승도 없이 무승 11패, 평균자책점 9.15라는 처참한 성적을 남기고 짐을 쌌다. 심지어 그 후 한 달 넘게 새 외국인 투수를 데려오지 못해 선발 로테이션을 꾸역꾸역 땜질로 운영하는 악재를 겪었다. 한 감독은 매일같이 애꿎은 담배만 뻑뻑 피워댔다.

그해 9월 3일엔 송진우와 정민철이 떠난 팀에서 마지막 불꽃을 태우던 또 다른 레전드 구대성마저 은퇴했다. 진짜 '새 얼굴'로 진정한 '새 판'을 짜야 하는 시기가 온 것이었다. 홈런 32개를 친 4번 타자 최진행과 1999년 1차 지명 출신인 왼손 불펜 박정진이 새로운 핵심 전력으로 자리

한대화 감독

잡은 것 정도가 많지 않은 위안거리 중 하나였다. 결국 한화는 새 감독 부임 첫 시즌에 승률 4할도, 시즌 50승도 넘기지 못한 채 2년 연속 최하위로 처졌다.

그렇게 고난으로 가득 찬 시즌이 끝난 뒤에도 한화 팬이 목 빠지게 기다리던 '전력 보강' 소식은 들리지 않았다. 일본으로 떠났던 이범호가 1년 만에 KBO리그로 복귀했지만, 그가 계약한 팀은 친정팀 한화가 아닌 KIA였다. 당시 한화 단장이 "이범호가 우리 팀 말고 어딜 가겠냐. 무조건 온다"며 협상 테이블에서 배짱을 부렸다는 소문이 돌았다. 그 후 얼마 지나지 않아

2011년 5월 정승진 신임 대표와 인사하는 한대화 감독과 정민철 코치

이범호는 KIA와 1년 12억 원에 계약했고, "KIA가 '어려울 때' 손을 내밀어 줬다"며 한화와의 협상이 순탄치 않았음을 암시했다.

한 감독은 하와이 스프링캠프에서 선수들의 야간 훈련을 지켜보다 한국에서 걸려온 전화로 그 소식을 들었다. 또다시 망연자실. 전화를 끊고 30분 넘게 멍하니 앉아 있는 감독을 보고 주변에 있던 코치들과 선수들은 걱정스러운 눈빛을 주고받았다. 그러나 모두가 그 통화의 내용을 알게 된 뒤에는 한마음으로 다 같이 깊은 한숨만 푹푹 내쉬었다. 그날 밤 한화 직원들은 술을 참 많이도 먹었다.

5 척박한 한화에 류현진 꽃이 폈다

한화의 전력이 가장 약했던 2010년, 투수 류현진은 공교롭게도 그 틈을 뚫고 만개했다. 명백하게 약팀이던 한화가 류현진이 등판하는 날이면 리그 최강팀이 됐다. 그해 류현진의 평균자책점은 1.82. 1점대 평균자책점은 1998년 현대 정명원(1.86) 이후 12년 만이었고, 그 후에도 14년간 나오지 않았다. 류현진은 늘 강했지만, 그 시즌이 '최전성기'였다. 2010시즌 전반기 결산 기사를 작성하다 이런 문장을 쓴 기억도 난다. '한국 프로야구는 마침내 선동열의 후계자를 찾았다.'

류현진은 그해 25경기에서 $192\frac{2}{3}$이닝을 던지면서 16승 4패를 올리고 탈삼진 187개를 잡았다. 현대 야구에서 선수 평가의 중요 기준으로 삼는 WAR(대체선수 대비 승리 기여)이 9.34에 달했다. 선발 투수가 경기 평균 $7\frac{2}{3}$이닝을 책임지면서 평균자책점이 2점도 안 됐으니, 그럴 만도 하다. 2025년 투수 4관왕에 오른 코디 폰세의 WAR이 8.38이니, 2010년 류현진의 팀 내 비중이 얼마나 압도적이었는지 짐작할 수 있다. 시즌 내내 웃을 일이 거의 없던 한화에서 류현진은 유일한 빛이자 희망이었다.

2010년 투구하는 류현진

그 유명한 '17K' 기록도 그해 나왔다. 날짜는 5월 11일, 장소는 '홈런 공장'으로 악명 높은 청주구장, 상대는 류현진이 '천적'으로 군림하던 LG였다. 경기 초반엔 류현진의 직구 구속이 시속 130㎞대 중반에 머물렀다. 주위에선 "컨디션이 좀 안 좋은 거 아니냐"고 했지만, 불펜 코치였던 정민철의 생각은 달랐다. 그게 원래 '완투형 투수' 류현진의 경기 방식이었다. 처음엔 툭툭 가볍게 힘을 빼고 던지다가 타자들의 배트가 따라나오기 시작하는 경기 중반부터 본격적으로 힘을 몰아 쓰는 것이다. 정민철 자신도 전성기 때 그렇게 했기에 류현진의 능수능란한 완급조절을 누구보다 높이 샀다. 정민철이 본 류현진은 베이징 올림픽 즈음에 이미 어떤 '경지'에 오른 투수였다.

실제로 류현진은 그날 3회까지 삼진 6개를 잡았다. '오늘 좀 된다' 싶은 자신감이 붙은 뒤엔 일사천리로 아웃카운트를 늘려갔다. 유일한 위기는

6회. 선두타자였던 '7번' 이병규에게 직구를 던지다 솔로 홈런을 맞았고, 내야 안타와 볼넷으로 2사 2·3루 위기가 이어졌다. 류현진은 여기서 조인성을 루킹 삼진으로 돌려세우고 무사히 이닝을 끝냈다. 그다음은 다시 삼진의 행렬. 7회 세 타자가 모두 삼진으로 돌아섰고, 8회도 삼진 2개 포함 삼자범퇴로 막았다. 안 그래도 류현진에 약한 LG 타선이 추풍낙엽처럼 쓰러졌다.

그날 류현진이 상대한 LG의 마지막 타자는 '안타 제조기'로 명성을 떨친 '9번' 이병규였다. 9회 2사 2루에서 노련한 베테랑 타자와 맞선 류현진은 볼카운트 1볼–2스트라이크에서 전매특허인 체인지업을 던져 헛스윙을 끌어냈다. 17번째 삼진. KBO리그 역대 정규이닝 최다 탈삼진 기록이 그렇게 새로 쓰였다. 예나 지금이나 세리머니가 그리 크지 않은 류현진은 홀가분한 표정으로 배시시 새어 나오는 웃음을 참았다. 그는 그 후 "사실 역대 최다 기록은 의식하지도 못했다. 기존 내 최다 기록(14개)을 넘어섰다는 정도만 알았는데, 전광판에 축하 메시지가 뜬 걸 보고 뒤늦게 기뻐했다"고 귀띔했다.

그해 류현진은 위대한 발자취를 하나 더 남겼다. 2009년 8월 19일 대전 삼성전부터 2010년 8월 17일 잠실 LG전까지 29경기 연속 퀄리티스타트(선발 6이닝 이상 투구 3자책점 이하)를 해냈다. 2010시즌으로만 치면 23경기 연속. 메이저리그에서도 안 나온 비공인 세계 기록이었다. 류현진은 내친김에 한 시즌 전 경기 퀄리티스타트에 도전했지만, 그해 24번째 등판이었던 8월 26일 목동 넥센전에서 뜻을 이루지 못했다. 1회 무사 2·3루 위기에서 우익수가 낙구 지점을 잘못 잡아 3실점으로 이어진 게 화근이었다. 이후 6회까지 추가 실점 없이 막아내 기록 연장이 가능했는데, 몸을 사리지 않고 7회까지 마운드에 올랐다가 4번째 자책점을 내주고 말았다. 주변의 많은 이가 아쉬워했지만, 정작 류현진은 밝은 표정으로 "괜찮다. 정말 홀가분하다"고 했다. 당시 기록 연장의 압박감이 컸는지, 그 후 "그런 도전은 다시는 하고 싶지 않다"며 고개를 절레절레 젓기도 했다.

류현진은 그 경기를 끝으로 긴 휴식에 돌입했다. 몇 경기 더 나가면 생애 두 번째 트리플 크라운까지 노릴 수 있었지만, 이미 팔꿈치에 피로가 쌓일 대로 쌓인 상태였다. 한화는 순위 경쟁에서 멀어졌고, 11월엔 광저우 아시안게임도 예정돼 있으니, 굳이 무리하게 등판을 이어가야 할 이유가 없었다. 다음 시즌을 도모해야 하는 한 감독도 류현진의 결정을 고마운 마음으로 환영했다. '역대급'으로 찬란했던 류현진의 2010시즌은 그렇게 조금 일찍 끝났다.

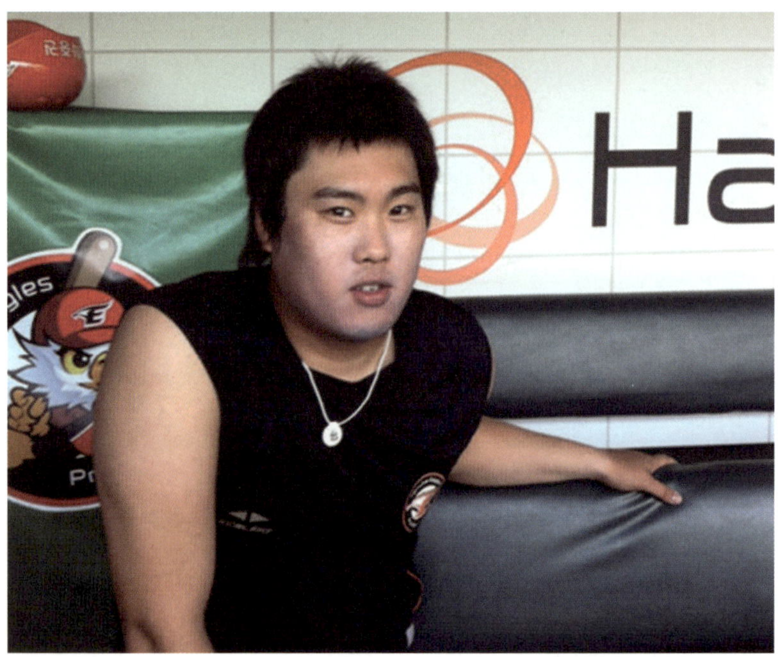

2011년 더그아웃에서 만난 류현진

그 후 류현진에게 2010년의 베스트 게임을 3개만 꼽아달라고 했다. 첫 번째는 당연히 17K 경기. 두 번째는 6월 1일 인천 SK전이었다. 그날 그는 한창 '왕조'를 구축했던 최강팀 SK를 상대로 삼진 13개를 잡아내면서 완봉승을 올렸다. 당시 SK를 이끌던 김성근 감독은 "우리가 안타를 9개 쳤지만, 류현진이 전력투구할 때 나온 건 한 개도 없었다"며 "지금 KBO리그에서 '에이스'라고 할 수 있는 투수는 류현진 하나밖에 없다"고 했다.

마지막 세 번째는 7월 21일 대전 롯데전. 류현진이 9이닝 5피안타 9탈삼진 무실점으로 1-0 완봉승을 거둔 날이다. 백미는 9회 2사 1·3루 이대호와의 승부였다. 장타 하나면 역전도 가능한 위기에서, 그해 타격 7관왕에 오른 최고 타자가 타석에 섰다. 류현진은 이대호에게 몸쪽 직구 4개를 연이어 꽂아넣어 루킹 삼진을 잡아냈다. 그리고 그 순간을 떠올리며 "솔직히 진짜 긴장했는데, 상대가 대호형이어서 더 기뻤다"고 털어놨다.

'야왕'도 떠나고 류현진도 떠났다

6

2011년에도 한화는 시즌 초반부터 힘겨워했다. 전문가들이 입을 모아 점친 최하위 후보. 김태완은 군에 입대했고, 최진행은 직전 시즌만큼 홈런을 치지 못했다. 외국인 투수 오넬리 페레즈를 마무리 투수로 쓰는 모험을 감수했지만, 통하지 않았다. 그와 관련한 웃지 못할 일화도 있다. 스프링캠프에서 만난 오넬리에게 한 시즌 목표를 묻자 "50세이브"라고 당당하게 대답했다. 그러나 한 기자가 "한화가 작년에 50승도 못한 건 알고 있느냐"고 되묻자 오넬리는 말을 잇지 못했다. 그는 결국 단 6세이브만 올리고 팀을 떠났다.

다행히 한화는 시즌 중반부터 좋은 흐름을 탔다. 양훈, 김혁민, 장민재 등 젊은 선발 투수들이 류현진과 함께 '독수리 5형제'를 이뤘다. 불펜에선 김광수, 박정진, 마일영 등 고참 선수들이 중심을 잡았다. 절대적인 에이스 류현진도 변함없는 투혼으로 마운드를 지켰다. 가장 상징적인 경기는 무려 134구를 던진 5월 1일 대구 삼성전이었다. 그는 4월 26일 목동 넥센전에서 8이닝 2실점 완투패(127구)를 당한 뒤 4일만 쉬고 다시 마운드에

메이저리그 진출 전 마지막 경기에서 투구하는 류현진

올라 9이닝 1실점 완투승을 해냈다. 일주일 사이 총 261구를 뿌리면서 도합 17이닝 3실점을 기록한 것이다.

류현진은 그 등판 이틀 전 외할머니를 하늘로 떠나보냈다. 류현진의 부모는 6시즌 만에 처음으로 아들이 등판하는 경기를 직접 지켜보지 못했다. 그래서라도 그는 그날 꼭 이기고 싶었다. 아슬아슬한 2-1 리드 상황에서 상대 선발 배영수가 8회 초에도 마운드에 오르자 류현진은 "나도 8회 말까지 막겠다"고 청했다. 9회를 앞두고 다시 의사를 묻자 "한 이닝 더 던지고 싶다. 던질 수 있다"고 했다. 9회 말 2사 1루 위기에서 한 감독이 마운드에 올라갔을 때도 마찬가지였다. 다시 한 번 "내가 마무리하고 싶다"며 버텼다. 한 감독은 에이스의 간절한 눈빛을 외면하지 못했다. 결국 류현진은 완투승으로 경기를 끝냈고, "외할머니가 하늘에서 도와주신 것 같다. 이 승리를 바치고 싶다"는 소감을 남겼다.

그 후 한화는 조금씩 이기는 날이 많아졌다. 2년 연속 꼴찌였던 팀이 마침내 중위권 싸움을 시작하자 한화 팬들 사이엔 새로운 신드롬이 일었다. 팬들은 한대화 감독을 '야왕(야구의 왕)'이라 칭하면서 온갖 패러디 콘텐츠를 만들어냈다. 처음엔 온라인 야구 커뮤니티에서 알음알음 불리던 별명이 어느덧 미디어까지 확장돼 공식적인 애칭으로 굳어졌다. 한화가 '야신' 김성근 감독이 이끌던 SK를 상대로 끝내기 승리를 거둔 뒤엔 '야황(야구의 황제)' '세종대화(세종대왕+한대화)'라는 칭송까지 나왔다. 놀림이나 비아냥이 아니라, 애정과 응원을 담은 일종의 '놀이 문화'였다. 한화 팬들이 주문처럼 부르던 응원가 "나는 행복합니다"가 모처럼 진심으로 느껴졌고, 서서히 "내년쯤엔 다시 가을야구에 복귀할 수도 있겠다"는 희망이 피어났다. 한화의 그해 최종 성적은 공동 6위. 정민철은 '8위에서 6위로만 올라가도 이렇게나 즐거워하시는구나' 싶어 새삼 고마움과 미안함을 동시에 느꼈다.

그런 의미에서 2012년은 팬들의 기대가 하늘을 찌른 해였다. 지바롯데에서 뛰던 김태균이 당시 역대 최고 연봉인 15억 원을 받고 한화로 돌아왔다. 김승연 한화그룹 회장이 잠실의 한화 팬들 앞에서 외친 "태균이 잡아올게!" 한 마디가 생각보다 빨리 현실로 이뤄졌다. 충남 공주 출신인 '코리안 특급' 박찬호도 오랜 해외 생활을 마무리하고 고향팀 한화에 안착했다. 이전까지 류현진 한 사람에게만 쏠리던 스포트라이트가 김태균을 거쳐 박찬호에게 이동했다.

한 감독은 오히려 그런 상황을 다행이라고 여겼다. "찬호가 없었으면 그 관심이 다 어디로 갔겠느냐"고 반문했다. 박찬호에게 취재 열기가 분산된 덕에 김태균이 한결 부담을 덜고 편하게 시즌을 준비할 수 있다는 얘기였

한화로 돌아온 김태균

다. 그동안 수많은 취재 요청을 홀로 도맡아야 했던 류현진도 'MLB 출신' 박찬호와 '복귀병' 김태균에게 잠시 주인공 자리를 내줬다. 류현진은 "나는 이제 평범한 신수다. 약간 소외감도 든다"고 농담하면서도 "확실히 몸은 편해졌다"고 활짝 웃었다.

빛이 밝으면 그림자가 더 짙은 법. 그렇게 떠들썩하게 시작한 2012시즌은 또다시 최악이었다. 대전구장 리모델링 공사가 늦어진 탓에 첫 한 달을 청주에서 보내야 했던 게 가장 큰 악재였다. 한국인 최초의 빅리거였던 박찬호의 역사적인 KBO리그 첫 등판도 청주구장에서 이뤄졌다. 미국과 일본에서 뛰다 온 박찬호는 당시 청주구장 시설을 보고 "프로야구 경기장이 맞느냐"고 한탄했다. 최악의 환경에서 한 달 넘게 사실상의 '원정' 생활을 했으니, 성적은 그야말로 처참했다. 한화의 4월 성적은 5승 12패(승률 0.294)로 또다시 8개 구단 중 8위. 5월이 끝났을 땐 7위 KIA와의 격차가 5.5경기까지 벌어져 있었다. 직전 시즌 탈꼴찌에 성공하고 반등을 기대하

한화 유니폼을 입은 박찬호와 그를 반기는 한대화 감독

던 시즌이었기에 팀 안팎의 실망감은 더 컸다.

결국 한화는 그해 8월 28일 한 감독을 전격 경질했다. '야왕 신드롬'이 야구계를 휩쓸고 지나간 지 1년도 채 안 된 시점이었다. 1군 투수코치를 맡고 있던 한용덕이 감독대행을 맡아 남은 시즌을 이끌었지만, '꼴찌'라는 최종 결과를 바꾸지는 못했다.

그 사이 한화가 차기 감독으로 김성근 고양 원더스 감독을 염두에 두고 있다는 소문이 퍼졌다. 김 감독은 SK 왕조를 이끈 명장이었지만, 늘 구단과 대립이 잦았던 지도자로도 유명했다. 그런데 당시 한화 고위 관계자가 "성적을 위해서라면, 김성근 감독도 충분히 감당할 수 있다"고 공개 발언하면서 '내정설'에 불이 붙었다. 그러나 얼마 뒤 김 감독이 독립구단 고양과 3년 재계약하면서 불씨는 곧 사그라졌다. 코칭스태프 구성을 비롯한 세부조건 조율 과정에서 한화와 김 감독이 접점을 찾지 못했다는 뒷얘기가 전해졌다.

반짝 빛을 보는 듯했던 한화는 다시 최하위의 어둠 속으로 빠져들었다.

심지어 다음 시즌엔 더 험난한 고행길이 기다렸다. 7년을 팀에 헌신한 에이스 류현진이 해외 진출 자격을 얻었고, 구단에 포스팅(비공개 경쟁입찰)을 통한 빅리그 진출 허가를 요청했다. 한화는 내심 류현진의 유니폼 끝자락이라도 붙잡고 싶었다. 가뜩이나 없는 살림에 '가장'마저 떠나면 팀은 폐허가 될 게 분명했다.

그러나 류현진에게 KBO리그는 이미 너무 좁은 무대였다. 그는 더 늦기 전에 세계 최고의 무대에서 날개를 펼치고 싶어했다. 7년간 이어진 류현진의 희생과 공헌도를 생각하면, 한화도 그 꿈을 꺾을 명분이 없었다. 결국 구단은 결단을 내렸다. 2012년 10월 29일 보도자료를 내고 "류현진이 합당한 가치를 인정받는다면, 포스팅을 통한 메이저리그 진출을 허용하겠다"고 발표했다. 한화가 내건 '합당한 가치'의 기준점은 포스팅 금액 1,000만 달러. 그 이하의 '헐값'에는 에이스를 보내줄 수 없다는 선전포고이기도 했다.

류현진 이전에 포스팅 시스템으로 빅리그 문을 두드린 한국 선수들은 번번이 기대 이하의 응찰액을 받고 꿈을 접었다. 류현진은 그렇지 않았다. LA 다저스, 보스턴 레드삭스, 시카고 컵스 등 수많은 빅리그 명문 구단이 KBO 기록 통계 업체에서 류현진의 투구추적시스템(PTS) 데이터를 구입해갔다. 메이저리그 스카우트들은 앞다퉈 "한화가 A급 FA 2~3명을 충분히 잡을 수 있는 금액이 나올 것"이라고 내다봤다.

심지어 최종 결과는 그 기대를 뛰어넘었다. 내셔널리그 서부지구 명문 구단 다저스가 포스팅 금액 2,573만 7,737달러 33센트를 적어내 류현진과의 단독 협상권을 따냈다. 당시 환율로 약 280억 원. 한화가 마지노선으로 설정한 금액의 2.5배였고, 그해 KBO리그 8개 구단 개막 엔트리 전원의 연봉을 모두 합한 금액과 비슷했다.

류현진은 다저스와 6년 계약을 하고 대전을 떠나 미국행 비행기에 올랐다. 한화는 두둑해진 곳간 문을 열어 충남 서산 2군 전용구장의 첫 삽을 떴다. 류현진이 남긴 유산으로 류현진 이후의 미래를 준비하기 시작한 것이다. 8년 만에 처음으로, '류현진 없는' 한화의 시간이 시작됐다.

이글스는 타이거즈가 아니었다

7

2012년 10월, 한화의 새 감독을 두고 온갖 소문과 추측이 난무했다. 수많은 베테랑 감독이 후보로 오르내렸고, '내정됐다'고 소문난 지도자도 여럿이었다. 한화가 그 혼란에 종지부를 찍고 발표한 새 감독의 이름은 김응용. 한국시리즈 10회 우승에 빛나는 전설의 명장이었다. 5년 연속 4강에서 탈락한 한화는 백전노장 김 감독이 '4강 재진입'과 '리빌딩'이라는 두 가지 숙원을 모두 풀어주길 기대했다.

한화의 파격적인 선택에 야구계가 술렁였다. 김 감독의 당시 나이는 71세. 현장에서 프로야구 팀을 지휘한 건 2004년 삼성이 마지막이었다. 짧지 않은 8년 공백에 우려가 쏟아졌다. 과거와는 너무 다른 선수단 상황도 걱정거리 중 하나였다. 김 감독은 22년간 '스타군단'을 이끈 지도자였다. 해태에서는 선동열·한대화·김성한·이종범 등 당대의 레전드들을 거느렸고, 삼성에서도 양준혁·이승엽 같은 전국구 스타들을 지휘했다. "가만히 놔두면 선수들이 다 알아서 했다"는 김 감독의 회상은 틀린 게 아니다. 그러나 김 감독의 세 번째 팀 한화는 정반대였다. 김태균 외엔 별다른

김응용 감독

스타플레이어도 없고, 육성해야 할 유망주만 수두룩했다. 2년의 계약 기간 동안 바닥까지 가라앉은 팀을 끌어올리려면, 엄청난 인내와 지혜와 묘안이 필요했다. 그래도 김 감독은 개의치 않았다. "오랜만에 현장에 돌아오니 흥분해서 피곤한 줄도 모르겠다"며 의욕을 보였고, "프로 팀 전력은 종이 한 장 차이다. 성적은 우리가 얼마나 열심히 하느냐에 달렸다"며 승부사 면모를 드러냈다.

김 감독 취임과 함께 한화는 격변하기 시작했다. 김성한 수석코치, 이대진 투수코치, 이종범 주루코치. 타이거즈 출신 코치 영입 소식이 차례로 들려왔다. 동시에 이글스 출신 코치들은 매주 한 명씩 팀을 떠났다. 2군 코치로 팀에 남은 정민철은 한화의 패러다임이 바뀌고 있다는 걸 몸소 느꼈다. '다 갈아엎는구나.' 확실히 그간의 변화와는 차원이 다른, 새 폭풍이 불어닥치는 듯했다.

한화는 김 감독에게 최선을 다해 힘을 실어줬다. 대전구장 펜스 위치를 조정한 게 대표적이다. 그때까지 대전구장 중앙 담장까지 거리는 114m로 8개 구단 홈구장 중 가장 짧았다. 담장 높이도 2.45m로 낮아 홈런이 잘 나오는 구장으로 유명했다. 김 감독은 구장을 둘러본 첫날 "가운데 펜스까지 적어도 120m는 돼야 한다"고 혀를 찼다. 한화는 곧바로 외야 한가운데 전광판 앞 관중석을 조금 들어내 6m 이상의 공간을 더 확보했다. 97m였던 좌·우 펜스도 더 뒤로 밀어 외야 담장 전체를 손봤다. 한화의 '김응용 시대'가 그렇게 시작됐다.

야심찬 스타트와 달리, 첫 걸음부터 험난했다. 개막 후 첫 4경기를 내리 졌다. 불펜은 볼넷을 남발했고, 결정적 순간마다 야수 실책이 나왔다. 김 감독의 1,000승 역사에 개막 10연승은 있었어도 개막 4연패는 처음이었다. 거구의 김 감독이 입맛을 잃었다. "한화 감독이 된 뒤 혈압이 15개 올라갔다"고도 했다. 처음엔 당근책을 썼다. 선수들에게 "볼넷 10개를 줘도 되고, 실책 10개를 해도 되니, 편하게 경기하라"고 주문했다. 그래도 소용 없었다. 다른 팀 홈런을 막자고 외야 담장을 넓혔더니, 홈팀 외야수들 수비만 더 힘들어졌다.

4월 10일 대구 삼성전 패배로 연패가 '9'까지 늘어나자 이번엔 선수들이 자구책을 찾았다. 삭발. 숙소에서 가정용 이발기 2개로 새벽까지 서로의 머리를 깎아줬다. 주장 김태균보다 고참인 선수는 자율에 맡겼고, 그 아래 후배들은 전원 머리카락을 밀었다. 다음 날 한화 선수들이 야구장에 나타나자 상대팀 삼성 선수들조차 당황한 기색을 감추지 못했다. 김태균은 "그때 전우애가 생겼다"고 웃픈(?) 농담을 했다.

한화는 그 후에도 4경기를 더 졌다. 홈 대전으로 돌아간 뒤에야 13연패를 끊고 시즌 첫 승을 신고했다. 상대는 신생 구단 NC 다이노스. 1회부터 어이없는 포구 실책이 나와 3점을 내줬지만, 외국인 투수 데니 바티스타가 6회까지 삼진 11개를 잡아내며 버텨냈다. 김태균이 5회 결승 홈런을 터트려 연패 탈출에 앞장섰다. 김 감독은 "한국시리즈에서 우승한 기분이다. 야구 감독을 20년 넘게 했는데, 오늘을 평생 잊지 못할 것"이라고 했다. 김태균은 끝내 울먹였다. "후배들이 야구에 집중할 수 있게 도왔어야 했는데, 그러지 못해 마음이 무거웠다. 첫 승을 했으니 이제 선수들이 야구를 즐겼으면 좋겠다"며 눈물을 훔쳤다.

천신만고 끝에 거둔 첫 승은 안타깝게도 잠깐의 위안에 불과했다. 매번 눈앞의 1승이 간절했던 한화는 내일이 없는 '하루살이 야구'로 근근이 버

2014년 김응용 감독과 정민철 코치

텼다. 외국인 투수 둘과 3선발 송창식을 제외한 모든 투수가 매 경기 대기하는 '몰빵' 야구가 이어졌다. 한화 코칭스태프는 "이길 수 있는 경기에 모든 걸 쏟아부어야 한다. 리빌딩도 이기면서 해야 성공할 수 있다"고 주장했고, 외부에선 "가을야구 싸움을 하는 것도 아닌데, 무엇을 위한 올인인지 모르겠다. 미래가 보이지 않는다"고 비판했다.

한화는 결국 2013년 전반기를 승률 0.301(22승 1무 51패)로 마쳤다. 신생팀 NC에 6경기 차 뒤진 압도적 꼴찌였다. 그다음 수순은 1·2군 코칭스태프 보직 교체. 2011년과 2012년은 물론이고, 감독이 바뀐 2013년에도 연례행사처럼 이어진 '특단의 조치'였다. 코치였던 정민철은 그때마다 1군과 2군을 오갔다. 이번엔 2군에서 1군으로 올라갈 차례였다. 부쩍 의욕을 잃은 김 감독은 "한화에 와서 야구가 어려워졌다"고 한탄했다.

9개 구단 체제의 첫 9위 팀. 참담한 실패를 맛본 한화는 그해 겨울 마침내 지갑을 열었다. 국가대표 출신 외부 FA 정근우(4년 70억 원)와 이용규

2013년 정규시즌 종료 후 팬들에게 인사하는 선수단

2014년 마지막 경기를 쓸쓸히 지켜보는 선수단

(4년 67억 원)를 영입했고, 내부 FA 박정진(2년 8억 원)·한상훈(4년 13억 원)·이대수(4년 20억 원)도 모두 붙잡았다. FA 계약에 쓴 총액이 178억 원에 달했다. 하지만 정민철은 그 과정에서 또 한 번 씁쓸함을 느꼈다. 정근우의 원 소속구단 SK는 이례적으로 FA 보상선수를 지명하지 않고 전액 보상금 지급을 택했다. 한화의 여러 유망주들 가운데서 SK에 필요한 미래 전력을 발견하지 못했다는 의미다.

때마침 그 즈음 한화가 '류현진 포스팅비'로 지은 충남 서산 2군 전용 훈련장이 완공됐다. 한화의 영구결번 코치였던 정민철과 장종훈은 싱숭생숭한 마음으로 서산구장 한 귀퉁이에 감나무 묘목 하나를 함께 심었다. "민철아, 이 나무가 다 컸을 때쯤엔 우리 애들도 잘 커서 성과를 좀 내고 있었으면 좋겠다." 그 나무는 이후 구장 리모델링 과정에서 사라졌지만, 정민철은 여전히 그날 그 순간을 또렷이 기억한다.

그 후 1년이 흘렀다. 이번에도 새로운 '끝'이 왔다. 한화는 2014년에도 꼴찌였고, 또 승률 4할을 넘기지 못했다. 김 감독은 마지막 경기가 끝난 뒤 코치실 문을 밀고 들어왔다. "다들 X같은 감독 밑에서 고생 많았다." 20세기의 명장 김응용은 그렇게 기나긴 프로야구 감독 생활에 마침표를 찍었다. 이글스는, 타이거즈가 아니었다.

김응용 감독의 퇴진이 기정사실이었던 2014년 10월, 한 남성팬이 서울 장교동 한화그룹 본사 앞에서 1인 시위를 시작했다. 그가 든 피켓에는 이렇게 쓰여 있었다. '회장님, 한화를 살릴 수 있는 사람은 김성근 감독뿐입니다.' 또 다른 팬들은 '김성근 감독 영입 촉구' 영상을 제작해 인터넷에 올렸다. 더는 투지마저 안 보이는 한화를 살리기 위해, "끈기와 독기의 상징인 김성근 감독을 데려와 달라"고 읍소했다. 김 감독이 이끌던 독립구단 고양 원더스가 전격 해체한 직후였기에 걸림돌은 없었다. 2년 전 김성근 감독과 접촉하다 갈라섰던 한화는 이번엔 팬들의 청원에 응답했다. '해태 왕조'의 수장 김응용 감독이 떠난 자리에 'SK 왕조'의 지휘자 김성근 감독이 부임했다. 한화와의 계약 첫해 김성근 감독의 나이는 73세였다.

예견된 격변기가 찾아왔다. 김성근 감독 계약이 발표된 다음 날, 코치 9명이 '재계약 불가' 통보를 받았다. 김종모·이종범 코치 등 '김응용 사단'은 물론이고, 한화에 21번을 영구 결번으로 남긴 송진우 코치도 팀을 떠나게 됐다. 한화 출신 기존 코치들 중엔 이정훈 2군 감독, 장종훈 타격코

팬들에게 인사하는 김성근 감독

치, 정민철 투수코치 정도만 살아남았다. 코치 9명이 빠진 자리 외에 추가 보직 코치 몇 명을 더해 '김성근 사단'이 대거 한화로 몰려온다는 소식이 전해졌다.

11월 마무리 캠프 계획도 전면 수정됐다. 한 시즌 내내 경기에 나간 주전 선수들은 대부분 시즌 후 단체 훈련에 참가하지 않고 국내에서 회복 훈련을 한다. 한화도 처음엔 일본 오키나와 마무리 캠프 명단을 젊은 유망주 위주로 꾸렸다. 그러나 김 감독은 부임과 동시에 '마무리 훈련 전원 참가'

고뇌하는 김성근 감독

를 요청했다. 휴식을 취하려던 투타 간판 선수들도 예외 없이 함께해야 하는 상황이 됐다. 구단이 부랴부랴 항공편과 숙소를 추가로 예약하는 사이, 김 감독이 자필로 작성한 새 훈련 스케줄이 도착했다. 한화의 한 관계자는 "마무리 훈련 스케줄이 아니라 2월 스프링캠프 일정표를 보는 것 같았다"고 했다.

오키나와 출국을 준비하던 정민철은 깊은 고민에 빠졌다. 하룻밤을 꼬박 새운 끝에 결심을 마치고, 비행기 탑승 전 김성근 감독에게 사직서를 냈다. 김 감독은 만류했지만, 그의 의지는 확고했다. 1992년 데뷔 후 늘 '집'처럼 여긴 한화에 처음으로 먼저 작별을 고했다. 한화의 영구결번 코치 셋 가운데 결국 장종훈만 홀로 오키나와행 비행기에 올랐다. 그러나 장종훈 코치도 귀국 후 정민철에게 전화를 걸었다. "민철아, 나도 떠나야겠다." 대전구장 외야에 등번호를 걸어둔 세 레전드는 그렇게 차례로 이글스 유니폼을 벗었다. 송진우와 정민철은 야구 해설위원이 됐고, 장종훈은 롯데 이종운 신임 감독의 부름을 받아 부산으로 향했다.

그해 한화의 마무리 캠프는 여러모로 상징적이었다. '지옥훈련'의 아이콘인 김성근 감독이 부임한 직후부터 연일 '한화 선수들이 얼마나 혹독한 훈련을 하느냐'에 모든 관심이 쏠렸다. 이례적으로 스프링캠프 때보다 더 많은 취재진이 오키나와에 몰려 들었다. 훈련 스케줄은 감독의 뜻에 따라 매일 아침 바뀌었고, 선수들은 오전 7시에 야구장에 나왔다가 밤늦게야 숙소로 돌아가곤 했다. 유난히 시커먼 오키나와 야구장의 흙바닥 위에서 몸을 날리다 보면, 인터넷에는 '유니폼에 흙이 잔뜩 묻은 ○○○의 열정'이라는 드라마틱한 뉴스가 쏟아졌다. 부상 선수들도 예외는 없었다. 허리가 좋지 않았던 김태균과 정근우에게는 단 하루의 휴식일이 주어졌고, 왼쪽 손목을 다친 오른손 타자 김태완은 오른손에 글러브를 끼고 수비 훈련을 했다. 그런데도 누구도 불평할 수 없었던 건, 감독이 누구보다 먼저 나와 식사까지 걸러가며 훈련을 지도했기 때문이다.

화제의 마무리 캠프를 마치고 귀국한 한화는 베테랑 FA 투수 배영수·

분투한 김태균

김태균과 정근우의 지옥훈련

권혁·송은범을 잇달아 영입해 또 한 번 스포트라이트를 받았다. 시즌이 개막한 뒤에는 매 경기 접전과 역전승을 거듭하면서 '마리한화(대마초를 뜻하는 마리화나와 한화를 합성한 신조어. 한화 야구가 마약처럼 중독성이 강하다는 의미)' 열풍도 일으켰다. 야구계 안팎에선 '시대를 역행하는 야구'라는 비판이 나오기도 했지만, 팬들은 모처럼 한화의 경기를 보며 열광했다. "무기

김태균과 로사리오

력 그 자체였던 한화 야구에 적어도 '임팩트'가 생겼다"는 이유였다. 한 시대를 풍미한 명장이 독립구단에서 무명 선수들의 투지를 일깨우다, 다시 프로로 돌아와 약팀을 일으켜세우는 서사도 충분히 극적이었다.

그러나 정민철은 당시 내적 갈등이 심했다. 한화 경기를 중계하면 시청률이 치솟아서 방송사는 기뻐하는데, 중계석에서 경기를 지켜보는 마음은 영 편치 않았다. 선발 안영명이 일주일에 3회 마운드에 오르고, 불펜 이태양이 공을 30개씩 던지다 팔꿈치 수술을 받는 상황을 어떻게 설명해야 할지 고민했다. 성적, 리빌딩, 인기. 김성근의 한화는 이 세 가지 방향성 사이에서 아슬아슬한 줄타기를 하는 듯 보였다. 한화의 투수 기용 방식

에 우려를 표하는 해설을 하고 나왔다가 김성근 감독의 열혈 팬들에게 육성으로 욕을 먹는 일도 생겼다.

한화는 김성근 감독 부임 첫해인 2015년, 6위로 아슬아슬하게 가을야구 티켓을 놓쳤다. 최하위에서 중위권으로 뛰어올랐으니, 김 감독 영입의 의미를 찾기엔 충분했다. 2016시즌을 앞두고는 다시 외부 FA 투수 정우람과 심수창을 데려와 전력을 더 보강했다. 윌린 로사리오라는 특급 외국인 타자도 찾아냈다. 그런데도 정규시즌 최종 성적은 7위. 직전 시즌보다

송창식

한 계단 내려왔다. 설상가상으로 김성근 감독은 점점 민심을 잃어갔다. 그해 4월 14일 대전 두산전에서 벌어진 '송창식 벌투 논란'이 원인이었다.

송창식은 그날 0–1로 뒤진 1회 2사 만루에서 구원 등판해 2–16이 된 5회까지 마운드를 내려오지 못했다. $4\frac{2}{3}$이닝 동안 공 90개를 던지면서 홈런 4방을 맞고 12실점. 그가 닷새 전 선발 등판해 공 69개를 던진 뒤 바로

전날 불펜으로 15구를 더 던졌던 상황이라 비난은 걷잡을 수 없이 커졌다. 심지어 송창식은 당시 한화 투수 조장이었다. 부상 경력이 있는 베테랑 투수가 속수무책으로 얻어맞는 모습에 야구 관계자들은 "현대 야구에서 있을 수 없는 혹사"라며 열변을 토했다. 더그아웃에 있던 김 감독은 6회를 앞두고 어지럼증을 호소하며 병원에 갔고, 이튿날 "팀과 송창식을 모두 살리려는 선택이었다"고 반박했다. "이미 흐름이 넘어가 이길 수 없는 경기였다. 패한 경기에서 뭔가 하나라도 건져야 하는데, 어제는 그게 송창식이었다"는 얘기다.

팀 성적이 좋았다면 얼마 뒤 조용히 잊혔을지 모르지만, 상황은 그렇지 않았다. 한화가 계속 5강 싸움을 하지 못하고 하락을 거듭하자 팀 안팎의 성토도 더 거세졌다. 정민철은 서서히 '감독의 무게에 팀이 짓눌리고 있다'는 느낌을 받았다. 한화 프런트도 같은 생각을 했던 것 같다. 그해 11월 박종훈 전 LG 감독이 새 단장으로 부임했다. 외부에선 "강성 감독을 견제하기 위한 인사"라고 평가했다.

그렇게 김성근 감독과의 계약 마지막 시즌을 맞았는데, 팀은 점점 더 어수선해지기만 했다. 2군 코치 두 명이 밤늦게 술을 먹고 숙소에 있던 선수들을 불러 대리운전을 시켰다는 제보가 들어왔다. 오키나와 1군 스프링캠프에선 박종훈 단장과 김성근 사이에 고성이 오갔다는 목격담도 들렸다. 박 단장이 훈련장에 들어오자 김 감독이 "너 나가!"라고 소리치면서 말다툼이 벌어졌다는 것이었다. 시즌 초반 성적도 좋지 않았다. 10개 구단 중 9위로 처져 제자리걸음을 했다. "김성근 감독을 모셔와 달라"고 호소하던 팬들이 "김성근 감독을 내보내 달라"는 스케치북을 들기 시작했다.

개막 후 3개월도 지나지 않은 5월 23일, 한화는 결국 김성근 감독과의 동행을 끝냈다. 이상군 감독대행 체제로 남은 101경기를 치러 최종 성적

8위를 기록했다. 김태균이 86경기 연속 출루하면서 한국·미국·일본 프로야구를 통틀어 최다 기록을 세웠지만, 외롭기만 한 분투였다. 과거엔 류현진, 지금은 김태균. 고독한 간판선수들의 어깨만 점점 더 무거워졌다. 5년의 굴곡을 겪고도 한화는 달라지지 못했다.

시즌 종료 후 한화는 한용덕 두산 투수코치를 새 감독으로 선임했다. 김성근 감독 계약 후 다른 팀으로 떠났던 한용덕 신임 감독은 한대화 감독 퇴진 후 감독대행을 맡아 1군 28경기를 이끈 경험이 있었다. 무엇보다 그는 빙그레와 한화에서만 뛰면서 통산 120승을 거둔 팀 레전드 출신이었다. 이글스 헤리티지의 복원. 한화가 두 명의 '1,000승 감독'과 차례로 손잡았다 헤어진 뒤 내린 결론이었다. 해설위원으로 입지를 굳혀가던 정민철은 방송사에 남았지만, 송진우와 장종훈은 다시 지도자로 한화에 돌아왔다.

더그아웃 뒤에서①

1999년 우승 반지를 낀 류현진

2025년 10월 19일. 한화와 삼성이 PO 2차전을 앞둔 대전 한화생명볼파크. 정민철은 MBC 야구 해설위원으로 이날 야구장을 찾았다. "현진아, 더그아웃에서 잠깐만 만나자." 훈련을 끝내고 휴식하다 전화를 받은 류현진이 한달음에 달려나왔다. 정민철은 수트 상의 주머니에서 작은 오렌지색 복주머니 하나를 꺼냈다. 그 안에 들어있던 건, 금빛으로 번쩍이는 크고 굵은 반지 하나. 한화가 창단 후 유일하게 한국시리즈 우승을 차지했던 1999년, 당시 에이스 정민철이 받은 우승 반지였다. 반지 옆부분엔 정민철의 당시 등번호 '55'와 이름도 선명하게 새겨져 있었다.

궁금한 표정으로 지켜보던 류현진이 그 '보물'의 정체를 깨닫고 이내 웃음을 터트렸다. "와, 이게 진짜 우승 반지예요? 생각보다 촌스럽네!" 정민철이 류현진에게 짐짓 핀잔을 줬다. "무슨 소리야! 이게 그 시절엔 최신 유행 디자인이었다고. 이 영롱하고 큰 '알'을 봐봐." 류현진은 신기한 듯 우승 반지를 이리저리 훑어보다 곧 자신의 네 번째 손가락에 끼웠다. "딱 맞는다. 올해 이거 꼭 받아야 하는데." 입가에 류현진 특유의 미소가 번졌다.

한화는 1999년 '기적'의 우승 드라마를 썼다. 양대 리그 체제였던 그해 매직리그 2위였던 한화는 추석 연휴를 앞두고 드림리그 3위 현대에 4.5경기 차로 뒤진 상태였다. 당시 규정에는 '한쪽 리그 3위의 승률이 다른 리그 2위의 승률과 같거나 더 높으면, 3전 2선승제 준PO를 열어 PO 진출팀을 가린다'는 조항이 들어 있었다. 정규시즌이 딱 12경기 남은 상황에서 한화가 현대의 승률을 추월할 가능성은 거의 없어 보였다.

그러나 한화는 추석 연휴가 시작되자마자 파죽지세로 달려나갔다. 현대와의 맞대결 3연전을 싹쓸이하면서 한꺼번에 3게임 차를 줄였다. 특히 추석 당일인 9월 24일 경기는 상징적이었다. 당대의 라이벌이었던 현대의 20승 에이스 정민태와 한화의 18승 에이스 정민철이 선발 투수로 맞붙었다. 정민철은 이날 완봉승을 올렸고, 한화는 4-0으로 이겼다. 한화는 그렇게 10연승을 내달리면서 현대를 밀어내고 준PO를 없애버렸다. 그리고 그해 PO에서 드림리그 2위 두산을 4전 전승으로 꺾고 한국시리즈에 올랐다.

우승으로 향하는 마지막 관문도 일사천리로 통과했다. 드림리그 1위 롯데를 4승 1패로 물리치고 첫 한국시리즈 우승 트로피를 들어올렸다. 5경기에 모두 등판해 1승 1패 3세이브를 올린 구대성이 MVP에 올랐고, 정민철은 1차전과 4차전에 선발 등판해 4승 중 2승을 뒷받침했다. 그 처음이자 마지막 환희의 결실이 거대한 황금빛 반지로 남았다.

정민철과 류현진은 이글스에서 '암흑기의 에이스' 계보를 이은 선후배 사이다. 1990년대를 지탱한 정민철이 선수 생활의 황혼기에 접어들자 류현진이라는 새 괴물 에이스가 등장해 다시 팀을 떠받쳤다. 같은 책임감을 공유하는 둘은 한쪽이 은퇴하고 한쪽이 메이저리그로 떠난 뒤에도 나이를 초월한

POSTSEASON
2025

우정을 이어왔다. 심지어 류현진은 정민철을 통해 평생 반려자인 배지현 전 MBC 스포츠+ 아나운서를 만났다. 동갑내기인 류현진-배지현 부부는 2018년 결혼해 딸 혜성과 아들 준상을 낳고 단란한 가정을 꾸렸는데, 눈만 마주쳐도 서로의 뜻을 이해하고 지지하는 최고의 동반자로 살아가고 있다.

정민철이 한화의 가을야구를 7년 만에 다시 중계하던 날, 그는 우승 반지를 가슴에 품고 야구장에 왔다. 아끼던 후배 류현진에게 그해 그 기적의 기운을 전달하고 싶었던 것이다. 정민철은 1999년의 자신이 그랬듯, 2025년의 류현진이 동료들을 얼싸안고 환호하며 우승의 기쁨을 만끽하는 장면을 보고 싶었다. 류현진은 26년 전 포효하던 에이스 정민철의 우승 반지를 왼손에 끼고 기분 좋게 사진을 찍었다. 정민철은 그런 류현진을 향해 짐짓 농담했다. "진짜 우승하면, 네가 구단에 '영구결번들도 하나씩 우승 반지 만들어달라'고 얘기 좀 해줘." 류현진이 폭소를 터트렸다.

2부

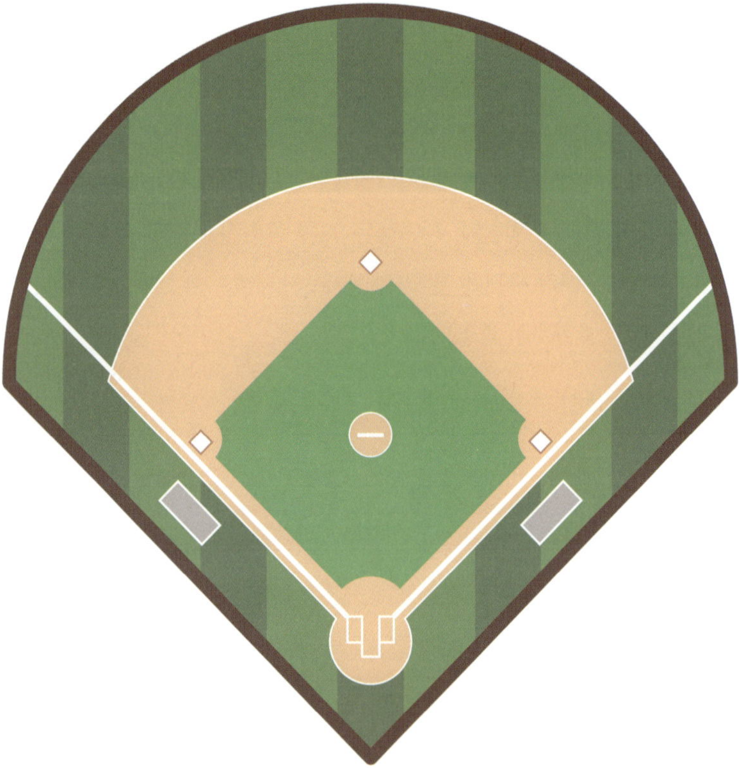

다 갈아엎고 재도약 준비

11년 만에 찾아온 가을야구

2018년 10월 13일, 대전 한밭종합운동장 야구장에 어마어마한 불꽃이 터졌다. 팀 레전드 출신 한용덕 감독의 지휘 아래 첫 시즌을 치른 한화가 정규시즌 일정을 마치고 포스트시즌 출정식을 연 날이었다.

한화는 '불꽃'과 연관이 깊은 팀이다. 모기업 한화그룹이 매년 가을 서울 여의도에서 세계불꽃축제를 개최하는데, 단순한 사회공헌 활동을 넘어 한국 최고의 축제 중 하나로 인정받는다. 야구단이 정규시즌 최종전마다 준비하는 '팬 감사 불꽃놀이'도 다른 팀들보다 훨씬 스케일이 크기로 유명하다. 그런데 그해 한화가 11년 만에 가을잔치에 초대받았으니, 대전은 그야말로 축제 분위기였다. 평소보다 더 많은 화약을 써서, 무려 12분에 걸친 불꽃쇼를 성대하게 펼쳤다.

기념비적인 시즌이었다. 개막 전까지 한화의 포스트시즌 진출을 점치는 이는 거의 없었다. 하위권으로 분류된 건 물론이고, 꼴찌 후보로도 종종 거론됐다. 2008년부터 2017년까지 10년간 가을야구를 경험하지 못한 한화가 별다른 전력보강도 없이 새 시즌을 시작했으니 그럴 만도 했다. 한용덕

11년 만에 포스트시즌 경기가 열린 대전구장

신임 감독에게 떨어진 과제도 '포스트시즌 진출'이 아니라 '리빌딩'이었다.

그러나 한화는 개막 후 완전히 다른 팀으로 환골탈태했다. 수년 간 볼 수 없었던 활기와 투지, 불펜 평균자책점 1위에 오른 마운드의 힘을 앞세워 상위권에 안착했다. 김성근 감독 시절 팀에 합류했던 정우람, 송은범, 이용규 등 베테랑 FA들도 약속이나 한 듯 나란히 한화 이적 후 최고 성적을 냈다. 특히 정우람은 35세이브를 올리면서 1996년 구대성 이후 22년 만에 한화 출신 구원왕에 올랐다. 한용덕 감독은 '원칙'을 지키고 '과욕'을 피하는 팀 운영으로 한화 선수들을 양지로 끌어냈다.

그해 처음 한화에 온 외국인 타자 제라드 호잉도 인기 돌풍을 일으켰다. "(외국인 선수가 귀국하지 못하게) 여권을 빼앗아 숨겨놓고 싶다"는 밈(meme)도 이때 처음 나왔다. 한화는 2017년 무려 480만 달러를 외국인 선수에게 쓰고도 투자 대비 소득이 크지 않았는데, 2018년엔 외국인 타자 10명 중 연봉 9위(70만 달러)였던 호잉이 맹활약해 '저비용 고효율'의 대표 주자가 됐다. 마이너리그 생활에 익숙했던 호잉도 대전에서의 삶에 크게 만족했다. 구단이 외국인 선수 숙소로 제공하는 인근 아파트에 입성하자마자

"세상에, 한국은 아파트가 이렇게 좋느냐"며 입을 다물지 못했다는 후문이다. 당시 두 살이던 호잉의 딸 칼리는 대전구장의 마스코트로 사랑받았다.

개막과 동시에 반전 드라마를 쓴 한화는 결국 정규시즌 3위로 준PO에 직행했다. 2007년 이후 처음으로 대전에도 가을이 찾아온 것이다. 2018년 10월 19일, 준PO 1차전이 열린 대전구장의 모든 관중석에는 장미꽃이 한 송이씩 깔렸다. 한화 구단주인 김승연 한화그룹 회장이 11년간 가을야구를 기다린 팬들을 위해 준비한 선물이었다. 뜨거운 감동과 더 뜨거운 열정으로 가득했던 그날, 유일하게 아쉬운 건 경기 결과였다.

10년이라는 세월의 벽은 예상보다 높았다. 모처럼 경험하는 포스트시즌 앞에 한화 선수들은 너무 들떴고, 지나치게 긴장했다. 대전에서 열린 1차전과 2차전에서 숱한 득점 기회를 잡고도 번번이 헛방망이질을 했다. 1차전에선 답답한 공격을 반복하다 2-3으로 졌고, 2차전에선 넥센 임병욱에게 3점 홈런 두 방을 맞고 5-7로 패했다. 1년 내내 무섭게 타오르던 불길이 빠른 속도로 잦아들었다. 대전에서 1승도 챙기지 못하고 서울로

김승연 회장이 팬들에게 선물한 꽃

향하는 선수단을 향해 한화 팬들은 목 놓아 "최강 한화"를 외쳤다.

한화는 고척스카이돔으로 자리를 옮겨 치른 3차전에서 4-3으로 이겨 마침내 4,028일 만의 가을야구 승리를 신고했다. 11년 전 마지막 결승타의 주인공이었던 김태균이 3-3으로 맞선 9회 1사 2루에서 우중간 결승 적시 2루타를 때려 또다시 승리의 주역이 됐다. 그해 가을 시련을 겪고 있던 김태균의 한 방이라 더 극적이었다.

김태균은 오랫동안 '스타' 자리에 익숙했던 선수다. 북일고를 졸업하고 2001년 한화에 1차 지명으로 입단해 신인왕에 오른 뒤 늘 붙박이 중심 타자로 활약하면서 각종 이글스 프랜차이즈 기록을 갈아치웠다. 한화 밖에서도 스타였다. 국가대표 4번 타자까지 종종 맡으면서 KBO리그 대표 선수 중 한 명으로 인정받았다. 그런 그가 하필 2018시즌 내내 부상과 부진

2018년 고척돔에서 거둔 가을야구 1승

이 겹쳐 고전했다. 준PO에서도 마찬가지였다. 1차전에선 만루에 대타로 나섰다가 삼진으로 돌아섰고, 2차전에는 아예 출전도 하지 못했다.

그래도 벼랑 끝 3차전에서 한화가 꺼내야 하는 카드는 결국 '김태균'이

한용덕 감독

었다. 그는 그 기대에 보답했고, 책임을 다했다. 안방에서 2패를 당한 뒤 1승도 없이 탈락할 위기였던 한화는 김태균 덕분에 값진 가을 첫 승리를 따냈다. 한화의 긴 암흑기를 온몸으로 겪어낸 김태균도 그 순간 감회가 남달랐다. 평생 주전이었던 그가 처음으로 '더그아웃을 지키는 법'을 배우고 있기에 더 그랬다. 김태균은 "내가 벤치에 있다는 건, 한화가 그만큼 강팀이 된 거라고 생각한다. 후배들 덕분에 11년 만에 포스트시즌에 나와 영광이고 고맙다"며 "올해 경기 출전을 많이 못해 미안했다. 10년간 '올해는

다를 것이다'라고 거짓말만 했는데도 기다려주신 팬들께 죄송하고 감사하다"고 고개를 숙였다.

김태균을 앞세워 한 번 이긴 한화는 4차전에서 끝내 2-5로 세 번째 패배를 당했다. 당시 신인이던 넥센 선발 안우진의 구위에 압도당했고, 정규시즌 4위 넥센의 패기에 발목을 잡혔다. PO 진출 실패. 부임 첫 해 한화에 가을 야구를 선물한 한용덕 감독은 마지막 경기를 마친 뒤 선수들에게 "고생 많았다. 정말 잘해줘서 고맙다"고 했다. 그러면서도 "이 패배를 기억하자. 시즌은 끝났지만, 우리는 끝난 게 아니다"라고 당부했다. 새로운 도약을 다짐하는 메시지였다.

김태균

정우람

2 밝은 빛 뒤에 짙은 그림자

겉으로 보기엔 무척 성공적인 시즌. 실은 '가을야구'의 빛에 가려진 내홍도 적지 않았다. 젊은 선수들을 키우고 팀을 재건하는 과정에서 감독과 베테랑 선수들의 갈등이 수면 위로 떠올랐다. 포스트시즌이 얼마 남지 않은 그해 10월 3일, 한용덕 감독이 중심 타자 송광민을 갑작스럽게 1군 엔

한용덕 감독과 이용규

송진우 투수코치

트리에서 제외했다. 위로는 2위 SK를 쫓고 아래로는 4위 넥센에 쫓기던 급박한 시기. 그런데 감독이 큰 부상도 없는 주전 3루수를 갑자기 "쓰지 않겠다"고 했다.

시즌 초반까지만 해도 오히려 신뢰가 두터웠던 두 사람이다. 송광민은 한 감독이 스프링캠프에서 수염을 기르기 시작하자 수염 다듬는 기계를 선물했다. 개막 직후엔 불방망이를 휘두르면서 "새 감독님도 오셨고 선수들도 의욕적이라 올해는 정말 달라질 수 있을 것 같다"는 발언도 자주 했다. 하지만 한화의 팀 운영 기조가 '리빌딩' 쪽으로 기울면서 두 사람의 방

실망한 2019년 관중석 풍경

향성이 어긋났다. 송광민에게 라커룸 리더 역할을 기대했던 한 감독의 실망감은 점점 커졌다. 전반기 막바지 한 차례 송광민이 2군에 내려갔을 때, 이미 두 사람이 크게 말다툼을 벌여 감정의 골이 깊어졌다는 소문이 떠돌았다.

오랜 기간 속내를 숨기고 참아온 한 감독은 송광민이 옆구리 통증을 이유로 대타 대기를 거부하자 결국 인내심에 바닥이 났다. “사람은 누구나 자기만 생각할 수 있지만, 그동안 모두가 지켜온 팀워크에 해가 돼서는 안된다. 우리 팀엔 열심히 하는 다른 선수들이 있다”며 “시즌 내내 이어온 원칙을 무너뜨릴 수 없어 2군으로 보냈다. 이 결정에 대한 결과는 모두 내가 책임지겠다”고 강도 높게 비판했다. 평소 ‘덕장’ 이미지가 강했던 한 감독으로선 이례적인 행보. 송광민이 본보기였을 뿐, 사실상 팀 전체에 던지는 강력한 메시지였다.

설상가상으로 2019시즌 개막을 앞두고 베테랑 외야수 이용규가 트레이드를 요청하는 사건도 터졌다. 내부 FA였던 이용규는 그해 스프링캠프 출국 전 한화와 2+1년 최대 26억 원에 잔류 계약을 했다. 그러나 시범경기 기간에 두 차례 트레이드를 요구했고, 구단이 계속 거부하자 언론에 직접 이 사실을 공개했다. '베테랑 배제' 방침이 확실해 보이는 팀을 떠나 다른 팀에서 기회를 찾고 싶다는 게, 그가 주장한 트레이드 요청 사유였다.

그러나 선수단 내부 문제가 공론화된 뒤, 구단과 감독은 더 강경한 태도를 취했다. 감독의 위상이 흔들리면 팀도 무너지기 때문이다. 박종훈 단장과 한용덕 감독은 "구단이 내릴 수 있는 최고 수위의 징계를 내려야 한다"는 데에 뜻을 모았다. 한화는 자체 징계위원회를 열어 이용규의 무기한 참가활동 정지를 의결했다. "팀의 질서와 기강은 물론이고, 프로야구 전체의 품위를 심각하게 훼손하는 행위라고 판단했다"며 "이용규는 구단이 징계를 철회하기 전까지 경기 출전과 트레이드 시도를 할 수 없다"고 못 박았다.

그 후 팀 성적이 좋았다면 갈등 상황 봉합이 상대적으로 수월했을 텐데, 한화는 안타깝게도 2019년부터 다시 내리막길을 걸었다. 모든 게 톱니바퀴처럼 척척 맞아 떨어졌던 2018시즌과 달리, 개막 직후부터 팀 전체가 삐걱거리기 시작했다. 베테랑 타자들이 부상과 부진으로 잇달아 이탈했고, 돌풍의 주역이었던 호잉의 타율은 2할대 중반까지 뚝 떨어졌다. 베테랑 내야수 정근우의 중견수 변신도 성공적인 결과로 이어지지 못했다.

마운드도 베테랑과 신예 가릴 것 없이 연쇄적으로 무너졌다. 외국인 투수 워윅 서폴드와 채드 벨이 처음으로 동반 10승을 일궜지만, 위압감은 타 구단 외국인 에이스들에 미치지 못했다. 시즌 중반 선발진에 급히 투입됐던 장민재의 잇단 호투가 유일한 위안거리였다. 2018년 구원왕 정우람은 여전히 위력적이었지만, 그 앞에 세이브 기회가 돌아오지 않으니 등판 상황과 간격을 조절하기가 쉽지 않았다. 1군 엔트리는 끊임없이 바뀌었고, 뾰족한 해법은 없었다.

결국 한 감독은 76경기를 마친 시점에 구단 프랜차이즈 스타 출신 송진우 투수코치와 김해님 불펜코치를 2군으로 보내는 코칭스태프 개편을 단행했다. 분위기 전환을 꾀하는, 상징적인 조처였다. 한화는 한 감독을 영입할 때 다른 이글스 출신 코치들도 함께 불러 모아 팀 전체의 새로운 단합을 꾀했다. 그 결과 실제로 선수단을 하나로 모으고 분위기를 끌어올리는 효과도 봤다. 하지만 1년 만에 모든 계산이 어긋나기 시작하면서 끝내 익숙한 미봉책을 선택해야 했다. 2019년 한화의 최종 순위는 9위. 2018년이 빛났던 만큼, 그 그림자는 더 짙었다.

23번 정민철, 단장이 되다

2019년 10월 13일, 정민철이 한화 단장이 됐다. 구단의 연락을 받고 서울 소공동 더플라자호텔에서 면접을 본 지 16일 만이었다. 프리미어12 국가대표팀 투수코치를 맡고 있던 정민철은 한화 단장으로 부임하면서 대표팀을 떠났다. 선수, 코치 그리고 야구 해설가. 주로 현장에서 함께 호흡하고 현장의 목소리를 들어온 그가 처음으로 '구단'의 입장에서 야구계를 바라보고 팀의 운영 방향을 제시해야 하는 자리에 앉았다. 야구계는 한용덕 감독보다 후배인 정민철을 프런트 수장으로 앉힌 깜짝 인선에 다소 놀라면서도, 한편으로는 "충분히 단장으로 준비돼 있는 인물"이라고 고개를 끄덕였다.

'단장 정민철'의 방향성을 걱정한 이들은 "한화에 오래 몸담았고 많은 선수들과 친분이 깊으니, '온정주의'에 발목을 잡힐 것 같다"고들 했다. 정민철의 친화력과 유머감각에 가려진 실제 성격을 몰라서 나온 얘기였다. 정민철은 생각했다. '진짜 날 잘 아는 사람들은 그런 평가에 고개를 갸웃할 텐데.' 실제로 코치 시절 정민철은 신상필벌 원칙이 확실한 스타일이었

현역 마지막 시즌을 보내는 김태균

다. 외부에서 보는 서글서글한 이미지와는 확연히 달랐다. 특히 위기의 한화에 구원 투수로 투입된 상황을 고려하면, 평소보다 더 냉철한 판단력이 요구되는 시기라고 생각했다. '개인적인 마음과 별개로, 합리적인 결정을 해야 한다.' 정민철은 그렇게 마음먹었다.

정민철은 단장 취임 후 퓨처스(2군) 감독 자리에 최원호 해설위원을 불러들였다. 현장 경험과 이론을 두루 갖춘 최 감독과 2군의 육성 시스템을 체계적으로 구축해보겠다는 뜻에서다. 또 2018년 SK에서 역대 한 시즌 최다 홈런 기록 달성을 도운 정경배 코치도 2군 타격 담당으로 영입했다. 한화 2군에 힘은 좋지만 기술이 다소 부족한 거포 유망주들이 많다는 점을 고려했다. 한화는 육성이 중요한 팀이니, 2군에도 무게감 있는 코칭스태프가 필요하다고 본 것이다.

그다음엔 내부 FA를 잡기 위해 모든 힘을 쏟았다. 그 스타트가 마무리 투수 정우람과의 4년 39억 원 계약. 총액 40억 원을 넘기지 않고 사인한 대신, 성적 옵션을 없애 구단의 실리와 선수의 자존심을 모두 챙겼다. 한화에만 몸담았던 투수 윤규진과는 1+1년 최대 5억 원, 주포였던 내야수 이성열과는 2년 최대 14억 원에 각각 사인했다. 두 선수의 나이와 최근 활약도를 고려했을 때, 합리적인 계약이라는 평가가 뒤따랐다. 정 단장의 협상 능력 뒤에 붙어 있던 물음표를 떼어내게 된 계기였다.

마지막까지 공을 들였던 프랜차이즈 스타 김태균과도 1년 10억 원이라는 '백의종군' 계약에 성공했다. 구단과 선수 양측이 큰 진통을 겪지는 않았지만, 서로가 원하는 조건의 격차를 좁히는 데 시간이 걸렸던 것도 사실이다. 정민철과 김태균은 밤늦게까지 오랜 시간 허심탄회한 대화를 나눴다. 한화를 향한 애정이 정민철 못지않았던 김태균은 어렵게 자존심을 굽히고 팀을 위한 결단을 내렸다. 정민철은 김태균과의 계약을 떠올리며 "내가 합의를 잘 유도한 게 아니다. 오히려 한화를 향한 김태균의 '주인 정신'을 높이 살 필요가 있다"고 했다.

끝까지 한화 더그아웃을 지킨 김태균

정민철 단장

2020년은 정민철 단장 체제로 시작된 첫 시즌이자 한용덕 감독의 3년 계약 마지막 해였다. 한화가 미국 애리조나 스프링캠프를 마치고 귀국할 때쯤, 코로나19 바이러스가 전 세계를 덮쳤다. 어수선한 세상만큼이나 구단 내부도 혼란스러웠다. 당시 구단 의사결정권자인 대표이사와 현장 의사결정권자인 한용덕 감독 사이에 균열이 커졌고, 팀은 점점 더 수렁으로 빠졌다. 10년 넘게 약팀이었던 한화는 한두 명의 '해결사'가 풀어낼 수 없는, 근본적인 숙제가 너무 많았다.

한 감독에게 주어졌던 3년의 시간 역시 한화의 체질을 완전히 바꾸고 강팀으로 탈바꿈하기에는 턱없이 부족했다. 한 감독은 그런 한화를 부임 첫 해 포스트시즌으로 이끌었지만, 빛이 밝았던 만큼 이후의 그림자가 더 짙었다. 구단도, 감독도, 팬들도 '원래의 모습으로 돌아온' 한화를 이전과 같은 시선으로 바라볼 수 없게 됐다. 모두가 "나는 행복합니다"를 부르며

1승, 1승에 기뻐하던 인내심은 사라진 지 오래. "왜 더 잘하지 못하느냐"며 누군가에게 날선 책임을 묻는, 뾰족한 창만 남았다.

코로나19 팬데믹 시대 텅 빈 관중석

한용덕과 한화의 씁쓸한 이별

한화와 한용덕 감독의 작별은 결국 상식 밖의 모양새로 찾아왔다. 그해 6월 6일, 야구장에 출근한 코치들을 감독이 귀가시키고 투수코치와 타격 코치 없이 경기를 진행하는 촌극이 벌어졌다.

한화는 그날 대전에서 열린 NC 다이노스와의 홈 경기에 앞서 장종훈 수석코치를 포함한 코치 네 명을 1군 엔트리에서 제외했다. 통상 1군 엔트리 등록과 말소 소식은 전날 경기 종료 후 당사자에게 알린다. 그래야 원활하게 이동을 마치고 다음 날 경기를 정상적으로 치를 수 있어서다. 그러나 엔트리에서 제외된 코치들은 모두 평소처럼 야구장에 나왔다가 "집으로 돌아가라"는 얘기를 듣고 어안이 벙벙했다. 심지어 자신들의 행선지가 2군인지 혹은 육성군인지조차 듣지 못했다. 결국 휑한 1군 더그아웃에는 한 감독과 작전코치, 수비코치, 주루코치, 배터리코치만 남았다. 코칭스태프 이동을 원하는 구단의 방침에 스트레스가 쌓일 대로 쌓인 한 감독이 극단적인 방식으로 반발한 것이다. 더 황당한 상황은 불펜 코치의 부재에서 비롯됐다. 투수 교체 타이밍과 투입 선수는 감독이 결정한다 해도,

노시환

정은원

불펜에서 전화로 벤치의 지시를 받고 선수들을 준비시킬 코치 한 명은 반드시 필요하다. 그런데 이날은 불펜 코치가 없어 베테랑 투수 정우람이 그 역할을 대신했다. 팀의 마무리 투수가 후배 투수들의 등판 준비를 관리하다 자신의 차례가 오자 직접 몸을 풀고 마운드에 오르는 상황이 벌어졌다.

가뜩이나 등판 간격이 불규칙해 컨디션 조절이 어려웠던 정우람은 이날 '플레잉 코치' 역할을 하다 2-8로 크게 뒤진 9회 초 1사 1루에서 마운드에 올랐다. 이어 2루타-3루타-몸에 맞는 볼-중전 적시타를 연이어 내주고 아웃카운트 하나를 간신히 잡은 뒤 교체됐다. 다음 투수가 3점 홈런을 맞아 정우람의 자책점은 4점으로 늘었다. 불펜의 기둥과도 같은 투수가 이런 경기에서 이런 방식으로 난타당하는 장면이 팀 사기에 어떤 영향을 미쳤을지는 자명한 일이다. 한화는 2-14로 대패해 연패 수를 '13'으로 늘렸다.

한 감독은 이튿날 관련 질문이 쏟아지자 무거운 표정으로 거듭 "그 부분에 대해선 드릴 말씀이 없다"고만 했다. '할 말은 많지만, 하지 않겠다'는 뉘앙스로 읽혔다.

위태로운 리더십, 갈등이 얽히고설켜 혼란스러운 구단, 투지마저 잊은 선수단. 잘 풀리지 않는 팀의 전형이자 한화의 현실이었다. 한화는 이렇게 '야구가 잘 안 되는 것'보다 더 치명적인 문제가 내부에 도사리고 있다는 사실을 만천하에 알렸다. 한화는 7일 경기에서도 2-8로 패해 14연패 늪에 빠졌고, 경기 후 한용덕 감독의 자진 사퇴를 발표했다. 한 감독은 오랜 세월을 함께한 팀과 가장 씁쓸한 방식으로 작별했다.

한 감독이 자의 반, 타의 반으로 내려놓은 지휘봉은 2군의 승승장구를 이끌고 있던 최원호 감독대행이 이어받았다. 말이 '임시'고 '감독대행'이지, 정규시즌을 아직 114경기나 남겨놓은 시점이라 결코 쉽지 않은 임무였다. 최 감독대행은 첫 행보로 파격적인 변화를 택했다. 1군 엔트리의 37%에 달하는 베테랑 선수 10명을 한꺼번에 내려보내고, 2군에서 활약하던 유망주 10명을 불러올렸다. 자칫 지나치게 급진적인 세대교체의 움직임으로 비칠 수 있었는데, 최 감독대행의 뜻은 그게 아니었다. "베테랑 선수들을 문책하거나, 무조건적인 세대교체를 강행하겠다는 의미는 아닙니다. 팀 분위기가 워낙 가라앉아 있으니 선수단 분위기를 바꿀 필요도 있고, 연패 중에 많이 지쳐 있던 1군 선수들이 몸과 마음을 추스를 필요도 있다고 봤습니다." 실제로 최 감독대행은 1군에 합류한 뒤 30세 이상 선수들과 1대 1 면담을 했다. '아무리 연패가 길어져도 설마 100연패까지 하겠냐. 다들 편하게 할 수 있게 우리도 분위기를 맞춰줄 테니, 잘 해보자'고 격려했다.

그래도 이미 한 번 바닥을 친 한화의 사기는 좀처럼 올라오지 않았다. 이미 KBO리그 역대 최다 연패 기록에 성큼 다가간 뒤였기에, 패수가 하나씩 늘어날 때마다 새로운 이슈와 부정적 전망이 물 밀 듯 쏟아졌다. 결국 한화가 4패를 더한 18연패로 35년 전 삼미 슈퍼스타즈가 남긴 역대 최다 기록에 타이를 이루자 최 감독대행도 하루하루 운신의 폭이 좁아졌다.

그래도 모든 시련에 끝은 찾아온다. 한화는 1군 사령탑이 바뀐 첫 일주일의 마지막 날, 결국 기나긴 18연패를 끊어냈다. 외국인 타자 호잉이 머리를 짧게 깎고, 베테랑 김태균이 수비 때 몸을 날려가며 기다렸던 그날이 마침내 찾아왔다. 최 감독과 함께 2군에서 올라온 노태형이 9회 말 끝내기 안타를 터트려 평생 잊지 못할 19경기 만의 승리를 만들어냈다. "정말 힘들었다"는 말을 연신 내뱉은 최 감독대행은 "(연패 탈출이 확정된 순간) 눈물이 날 뻔한 걸 겨우 참았다"며 가슴을 쓸어내렸다.

18연패 탈출 순간

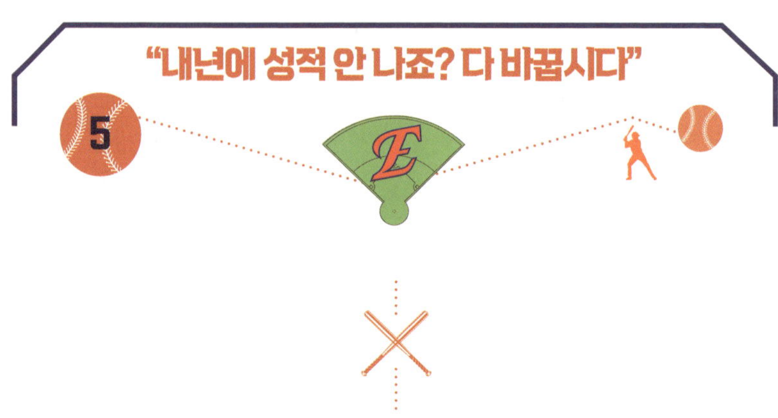

다사다난했던 2020시즌이 끝난 뒤, 한화는 또 한 명의 레전드와 작별했다. 김태균. 언제나 타선 한가운데에서 묵직하게 중심을 잡아주던 그가

은퇴식 및 영구 결번식에서 팬들에게 작별인사를 전하는 김태균

20년에 걸친 프로 생활을 마감하기로 결심했다. 한화는 김태균의 팀 공헌도와 존재감을 인정해 그의 등번호 52번을 네 번째 영구 결번으로 지정했다.

김태균이 한화에 입단하던 2001년까지만 해도, 52번은 스타급 선수들이 탐내는 번호는 아니었다. 김태균도 2년 차 때 등번호를 10번으로 교체했다가 혹독한 '2년 차 징크스'를 겪은 뒤 다시 52번으로 돌아온 경험이 있다. 그런 그가 북일고에 진학할 때 52번을 선택한 건, 아버지의 권유 때문이다. "52라는 숫자 모양이 크고 둥글둥글해서, 좋은 기운이 어느 쪽으로도 빠져나가지 않을 거라고 하셨어요." 실제로 아들 김태균은 프로에 와서 내로라하는 강타자로 이름을 날렸고, 52번은 이제 한화 선수 누구도 영원히 달 수 없는 번호로 남았다.

한화는 김태균의 은퇴를 신호탄 삼아 '재창단' 수준의 선수단 개편을 시작했다. 일단 과거 트레이드 요구로 중징계를 받았던 이용규를 방출했다. 이용규는 징계 해제 후 1년을 더 뛰면서 개인 옵션을 모두 채웠지만, 구단 내부에선 "정작 팀이 필요로 할 때는 제 몫을 해주지 못했다"고 판단했다. 이름값 높은 주전급 베테랑 선수와의 결별. 상징적인 첫 행보였다.

뒤이어 오랜 기간 팀에 몸 담은 프랜차이즈 선수들과 코치들이 대거 재계약 불가 통보를 받았다. "체질 개선을 위해 꼭 필요하다"는 공감대가 꾸준히 형성됐지만, 그 누구도 쉽게 칼을 뽑을 수 없었던 작업. 결국 구단 영구결번 레전드 출신인 '단장 정민철'이 악역을 맡아 대대적인 쇄신을 주도했다. 한화의 한 관계자는 "뼛속까지 '이글스맨'인 정 단장이 한 명씩 직접 면담하며 상황을 풀어나간 덕에, 난감한 상황들을 큰 잡음 없이 잘 마무리했다"고 떠올렸다.

정작 그때 정민철은 매일 소화불량에 시달리고, 뜬눈으로 밤을 지새워가며 지옥 같은 가을을 보냈다. 팀을 떠나게 된 선배 코치들의 따뜻한 격려 혹은 원망 어린 시선, 방출 통보를 받은 후배들의 말없는 끄덕임 혹은 거센 반발. 그는 그 모든 감정의 파고를 받아내고 이겨내느라 날마다 조금씩 지쳐갔다. 짐짓 냉정한 척 객관적인 태도를 유지하려 했지만, 견뎌내기는 쉽지 않았다. 급진적인 변화 뒤에 따라오는 성장통을 정민철 역시 온몸으로 겪었다.

그렇게 선수단을 갈아엎고 첫 삽을 뜨기 시작한 2020년 11월 10일, 2개월간 공석이던 야구단의 새 대표이사 자리에 박찬혁이 부임했다. 한화생명 e스포츠단장 겸 브랜드 전략 담당을 맡고 있던 그는 2014년부터 4년간 구단 마케팅 팀장으로 일하면서 팀 안팎으로 능력을 인정 받은 인물이었다. 공격적인 마케팅을 통해 한화 구단 이미지를 '젊고 활력 있는 팀'으로 바꿔놨고, 10개 구단 캐릭터 중 최정상급 인기를 자랑하는 마스코트 '수리'도 탄생시켰다. 정민철 단장과 나이가 같은 40대 젊은 사장의 취임. 돌이켜 보면 한화 프런트는 그때 비로소 진짜 새로운 출발선에 섰다.

박찬혁 대표는 '프런트가 강해야 팀도 강해진다'는 소신 아래 곧바로 대대적인 개혁에 착수했다. 구단 내부 업무에 깊숙히 관여한 경험이 있으니, 어떤 점을 바꾸고 개선하고 보완해야 할지 이미 파악을 끝낸 상태였다. 구단의 새 방향성과 맞지 않는 팀장급 인사들이 전면 교체됐고, 외부 영입을 통한 인력 보강이 적재적소에 이뤄졌다. 한화 프런트 조직도는 점점 다양한 역할들과 새로운 이름들로 채워지기 시작했다

파격도 마다하지 않았다. 2022년 12월 구단 역사상 처음으로 대리 2명에게 팀장 역할을 맡긴 게 대표적인 예다. '연공서열'이 아니라 오직 '능력'에 초점을 맞춘 인사였다. 실제로 당시 중책을 맡은 두 젊은 팀장은 이후 박 대표의 결정이 틀리지 않았음을 증명해냈다. 정민혁 스카우트 팀장은 본업에서 충분한 성과를 낸 것은 물론이고, 3년째 성공적으로 개최된 '고

교 vs 대학 올스타전'을 기획해 아마추어 야구 인기에 크게 기여했다. 서우리 디지털마케팅 팀장은 10개 구단 유튜브 채널 가운데 구독자 수 압도적인 1위를 자랑하는 이글스TV의 폭발적인 성장을 이끌었다.

정민철의 선수단 재편성과 박찬혁의 프런트 재구성. 2020년 말 숨쉴 틈 없이 몰아친 '강공 드라이브'에 현장과 구단엔 태풍이 불었지만, 일련의 과정을 모두 겪은 한 프런트는 "직원들 사이에 소위 '일할 맛 난다'는 얘기가 나오기 시작했다"고 귀띔했다. 불필요한 회의가 사라지고, 경직된 조직 문화 대신 전문성과 자율성을 강조하는 분위기가 정착되고 있어서다. 박 대표는 사무실 공간을 대거 리모델링해 최상의 업무 환경을 구축하는 데도 신경 썼다. 한 직원은 새로 생긴 휴게 공간을 소개하면서 "원래는 무거운 분위기의 회의실이 있던 자리인데, 이제는 직원 모두 자유로운 용도로 사용한다. 우리끼리는 '구글' 오피스 같다며 좋아한다"고 했다.

수베로 감독과 박찬혁 대표

사장 박찬혁과 단장 정민철의 공식적인 첫 협업은 '새 감독 찾기'로 시작됐다. 박 대표 취임 전 한화 차기 감독으로 물망에 오른 후보는 프로야구에서 잔뼈가 굵은 베테랑 전임 감독 두 명과 늘 '준비된 감독감'으로 통했던 40대 타 구단 코치였다. 그러나 대대적인 변화의 첫걸음을 내디딘 한화는 당장의 성적보다 '기반 다지기'에 초점을 맞춘 중장기 리빌딩 계획을 수립하기로 했다. '2025년'을 새로운 도약의 해로 정하고, 그때까지 점진적으로 팀을 재건하자는 데에 뜻을 모았다.

박 대표는 단도직입적으로 물었다.

"단장님, 우리 팀 내년에 성적 납니까?"

"아뇨. 솔직히 힘듭니다."

"그럼 이참에 생각을 바꿔봅시다. 외국인 감독을 모셔보는 건 어떨까요?"

며칠 뒤, 한화의 새 감독 후보 리스트에 '카를로스 수베로'라는 낯선 이름이 자리 잡았다. 미국 마이너리그 감독을 15년간 역임한, '육성 전문가'

수베로 감독과 정민철 단장

라고 했다. 코로나19 팬데믹 시국이라, 온라인을 통해 비대면 화상 면접을 진행했다. 달변가였던 수베로는 면접에서도 말을 참 잘했다. 한화가 원했던 새 시즌의 방향성을 그대로 제시했다. 역으로 구단의 방향성이 뭔지 꼬치꼬치 캐묻기도 했다. 합격. 그렇게 이글스 역사상 처음으로 '외국인 감독 시대'가 열렸다.

6 최재훈의 5년 계약과 두 단장

코로나19 팬데믹이 한창이던 2021년 1월 11일, 수베로 한화 신임 감독이 입국했다. 계약 기간은 3년. 한화가 그를 새 감독으로 선택한 이유는

수베로 감독

수베로 감독과 함께 온 외국인 코치들

분명했다. 박찬혁 신임 대표는 프런트뿐 아니라 현장에도 기존 방법론이 아닌, 새로운 시각을 원했다. 선수단 운영의 고질적 문제를 해결하려면, '기존 선수에게 편견과 호불호가 없는' 외국인 지도자가 필요하다고 여겼다. 수베로 감독은 2001년부터 15년간 마이너리그에서 유망주 발굴과 선수 육성에 능력을 보였고, 2016년부터는 5년간 메이저리그 밀워키 브루어스에서 데이터를 기반으로 한 팀 리빌딩에 중요한 역할을 담당했다. 한화는 수베로 감독 재임 기간 동안 1군과 2군을 아우르는 메이저리그식 육성 시스템을 정립하겠다는 목표를 세웠다.

수베로 감독은 미국에서 자신의 '사단'도 데리고 왔다. 대럴 케네디 수석코치, 호세 로사도 투수코치, 조니 워싱턴 타격코치 등 주요 보직 코치가 모두 외국인으로 채워졌다. 특히 로사도 코치는 두 차례 메이저리그 올스타로 뽑힌 스타플레이어 출신이었다. 1996~2000년 빅리그 125경기(선발 112경기)에 등판했는데, 부상으로 25세에 은퇴하고 일찍 지도자의 길로 들어섰다. 한화는 수베로 감독과의 계약 직후 전략팀 직원들을 미국에 파견해 구단과 선수단에 관한 전력분석 자료를 브리핑했다. 해외 출국이 어려운 시기라 2021년 2월 첫 스프링캠프는 경남 거제와 대전에서 치렀는데, 수베로 감독은 입국 후 2주 자가격리 기간에도 그 자료들을 훑어보며 선수들과의 첫 만남을 준비했다는 후문이다.

수베로 체제의 스타트는 나쁘지 않았다. 그해 시범경기를 1위로 마쳐 기대감을 높였다. 눈에 띄게 성장한 선수들도 나왔다. 만년 유망주에 머물던 투수 김민우가 1년 늦게 개최된 2021년 도쿄 올림픽 국가대표로 선발됐다. 그해 김민우는 직전 6시즌 통산 승수(13승)보다 더 많은 14승을 올려 '커리어 하이'를 찍었다. 강재민은 0점대 평균자책점을 자랑하는 리그 정상급 불펜 투수로 발돋움했다. 3루수 노시환과 2루수 정은원은 나란히 '기대주' 꼬리표를 떼고 팀의 간판 선수로 성장해나갔다. 그러나 풀리지 않는 숙제도 여전히 남아 있었다. 외야 리빌딩은 변함없이 더뎠고, 외국인 선수 농사는 또 실패했다. 그해 한화의 성적은 다시 10위. 그래도 첫 해는 일단 수베로 감독을 향한 평가가 나쁘지 않았다. 한화에게 2021년의 최하위는 '각오했던 성적'이었다.

물론 팀 밖의 시선은 조금 달랐다. 취약 포지션인 외야 전력 보강을 위해 외부에서 대형 FA를 영입해야 한다는 목소리가 커졌다. 2021시즌이 끝난 뒤 '대어급' 외야수 FA들이 시장에 많이 나왔기에 더 그랬다. 스토브리그가 시작되기 전부터 '한화가 이들 중 한 명에게 장기 계약과 거액의 몸값을 제시할 것'이라는 소문이 파다했다. 그러나 그해 한화 구단의 기조는 '투자'가 아닌 '중장기 리빌딩'이었다. 과열된 FA 시장에 무턱대고 뛰어드는 것보다, 내실을 다지는 게 우선이라는 결론을 내렸다. 한화는 외부 FA 영입을 포기하고 내부 FA였던 포수 최재훈과 5년 최대 54억 원에 사인했다.

당시 화제가 됐던 건 '54억 원'이라는 계약 총액이었지만, 정민철이 초점을 맞춘 부분은 '5년'이라는 계약 기간이었다. 보통 FA 계약의 표준은

'4년'으로 여겨지는데, 정민철은 "최재훈 정도의 주전급 포수라면, 3~4년이 아니라 5년 정도 보유해야 팀에 선순환을 일으킬 수 있다"고 봤다. 한화는 그해 신인 2차 드래프트 4라운드에서 포수 장규현(2022년 입단)을 뽑았고, 다음 드래프트 때는 효천고 포수 허인서(2023년 입단)를 상위 라운드에 지명하기로 내부 결정을 마친 상태였다. 최재훈이 5년간 주전 포수로 중심을 잡고 팀을 지탱해준다면, 어린 포수들이 성장할 시간을 충분히 벌면서 훗날 바람직한 세대교체로 이어질 수 있을 거라는 계산이었다.

무엇보다 정민철은 최재훈 정도로 꾸준하고 준수한 포수를 확보하는 게 결코 쉽지 않다는 걸 알았다. 양의지(두산)처럼 화려한 존재감을 뽐내진 않아도, 최재훈 역시 리그에서 손꼽힐 만한 좋은 포수라고 확신했다. 결과적으로 그 '5년 계약'은 한화의 2025년 비상을 뒷받침한, '옳은 선택'이 됐다.

그 사이 프런트에도 익숙한 얼굴이 합류했다. 손혁 전 키움 히어로즈 감독이 2021년 12월부터 '전력 강화 코디네이터'라는 새 직책을 맡게 됐다.

정민철 단장과 최재훈

FA 5년 계약서에 사인하는 최재훈

구단은 "단장-현장-프런트 사이의 가교 역할을 하면서 선수단 구성, 전력 보강, 육성 시스템 구축 등 구단 운영 전반에 직·간접적으로 참여하게 된다"고 설명했다. 박 대표와 친분이 있는 손 코디네이터가 단장 업무의 조력자로 한화에 입사하자 외부에선 이런저런 수군거림이 들렸다. "현 단장 정민철은 손혁에 밀려 운신의 폭이 좁아질 수도 있다"는 억측. 실상은 그 반대였다. 오히려 정민철이 오랜 친구 사이인 손 코디네이터의 영입을 반겼고, 든든해했다. 손 코디네이터도 단장의 권한을 침범하지 않는 선에서 열정적으로 의견을 개진하고, 고충을 나눴다. 그때 그들은 그저 같은 목표를 공유하는 '동지'였다. 1년 뒤 정민철의 후임 단장으로 손혁이 부임한 뒤에도 다르지 않았다. 종종 전화를 주고받으며 솔직한 속내를 털어놓고, 열띤 조언과 제언을 주고받았다.

팬들의 '트럭 시위' 앞에 사퇴를 고민하고, 공들이던 외부 FA를 놓쳐 땅을 치고, 속사정 모르는 이들이 던지는 억울한 비난을 홀로 말없이 받아내고, 뼈아픈 역전패에 속도 같이 뒤집어지는 밤. 그 시간과 마음을 누구보다 잘 아는 건 역시 '단장 경험자'뿐이다. 언젠가 정민철과 손혁에게 "이 정도로 사이좋은 '전 단장'과 '현 단장'이 역대 또 있었을까"라는 농담을 던졌다. 그들은 "아유, 그런 얘기 하지도 말라"며 손사래를 치더니 금세 다른 얘기로 수다를 떨기 시작했다. 주제는 역시, '한화이글스'였다.

2025년 대화를 나누는 정민철 전 단장과 손혁 현 단장

7 광주에서 문동주가 굴러 들어왔다

KBO리그 신인 드래프트에는 2021년(2022년 신인 지명)까지 '1차 지명'이 존재했다. 지역 최고 유망주를 연고 구단이 우선 지명할 수 있는 권리. 각 구단 간판 선수 여러 명이 거쳐간, 프랜차이즈 스타의 산실이다. 안타깝게

한화에 갓 입단한 문동주

문동주를 환영하는 정민철

막 지명받은 고3 문동주

도 한화는 1차 지명 제도로 가장 큰 손해를 본 구단 중 하나였다. 대전·충청 지역 유망주 풀이 그리 넓지 않았던 탓이다. 전년도 최하위를 해서 2차 지명 전체 1순위 지명권을 행사해도, 이미 내로라하는 특급 유망주들은 1차 지명을 받고 다른 팀 유니폼을 입은 뒤였다.

다행히 2021년 한화에는 천운이 따랐다. 전면 드래프트 도입 직전 마지막 1차 지명이 시행됐는데, 전년도 하위 3개 팀에게 '전국구 1차 지명권'이 주어졌다. 지역별 선수층 격차를 극복하기 위한 장치였다. 상위 7개 구단이 연고지 1차 지명을 마치면, 하위 3개 팀이 지역과 무관하게 전국의 유망주 중 한 명을 선택할 수 있게 했다.

한화의 시선은 망설임 없이 광주로 향했다. 그해 광주에선 '역대급' 유망주가 투타에서 한 명씩 나왔다. 시속 150㎞대 후반 강속구를 던지는 진흥고 투수 문동주, 잘 치고 잘 달리는데 장타력까지 갖춘 동성고 내야수 김도영이었다. 문동주와 김도영이 2022년 신인 1차 지명을 받는 건 기정 사실로 여겨졌다. 관건은 '둘 중 누가 연고지 구단 KIA에 입단하느냐'였다. 어느 한 명도 포기하기 어려운 '세기의 난제'. 둘 중 한 명을 먼저 골라야 하는 KIA보다 선택권이 없는 한화가 오히려 마음 편했을 정도다. 한화는 '문동주냐, 김도영이냐'에 따라 달라질 2차 상위 라운드 지명 전략을 두 갈래로 세워놓고 KIA의 결정만 기다렸다.

그래도 단장 정민철의 마음속 저울은 문동주에게 조금 더 쏠려 있었다. 문동주는 중학교 때까지 내야수로 뛰다 고교 1학년 때 투수로 포지션을 바꿨다. 첫 연습경기 땐 직구 시속 128㎞가 나와 스스로 큰 충격을 받기도 했지만, 1년 사이 키가 12㎝나 자라면서 많은 게 달라졌다. 고2 때 단숨에

문동주 마무리캠프 첫 불펜피칭

2023년 4월 12일 시즌 첫 경기에 등판한 문동주

시속 150㎞를 찍었고, 고3 때 시속 155㎞를 넘겼다. 많은 강속구 투수의 고질적 약점이 '제구 불안'인데, 문동주는 구속이 늘면서 오히려 제구가 안정돼 "투수 체질이다"라는 얘기도 들었다. 프로에서 체계적으로 웨이트트레이닝을 하면, 시속 160㎞까지도 충분히 던질 수 있다는 전망이 나왔다.

무엇보다 한화에는 이미 노시환이라는 대형 3루수가 무럭무럭 자라고 있었다. 팀 내부에선 '이제 강속구 투수들을 끌어 모을 필요가 있다'는 공감대가 형성됐다. 정민철은 '누구여도 좋지만, 그래도 문동주가 우리 팀에 오면 좋겠다'고 바랐다. 다만 야수보다 선발 투수의 가치를 높이 사는 KBO리그 특성상, KIA도 문동주를 포기하기 어려울 거라고 짐작했다. 정민철은 그저 하늘의 뜻에 맡기기로 했다.

하늘은 결국 한화와 문동주를 맺어줬다. KIA는 고심 끝에 '제2의 이종범'이라 불리던 김도영을 뽑기로 했다. 한화도 쾌재를 부르며 발빠르게 움직였다. 그해 전국구 지명권 보유 구단의 1차 지명 마감일은 8월 30일이었는데, 발표 시기를 나흘이나 앞당겨 '문동주 한화행'을 공식화했다. 문동주가 하루라도 빨리 한화에 소속감을 느끼게 하려는 의도였다. 고향팀에 입단하지 못해 내심 아쉬웠을 문동주의 자존심을 살려주기 위해 계약금도 김도영(4억 원)보다 1억 원 많은 5억 원을 안겼다. 한화 구단 역대 신인 계약금 중 세 번째로 많은 금액이었다.

프로 데뷔 전부터 만들어진 필연적 라이벌 관계. 그러나 문동주는 기대 이상으로 의연하고, 속이 깊었다. KIA의 1차 지명 발표 직후 김도영에게 먼저 '축하한다'는 문자 메시지를 보냈다. 문동주는 "결과 공개 후 10분 동안 (아쉬움에) 멍하니 앉아 있었지만, 곧 '내게 오히려 좋은 기회가 왔다'는 생각이 들었다"며 "만약 내가 KIA에 뽑혔다면, 도영이도 먼저 나를 축하해줬을 것이다. 서로 그런 마음으로 지켜봤다고 믿는다"고 했다.

실제로 정민철이 문동주에게 받은 첫인상은 "지나치게 착하다"였다. 스포츠계엔 '사람 좋으면 꼴찌'라는 격언이 있다. 문동주는 대화 내내 무척 온순한 느낌을 줬다. '깨끗하게, 맑게, 자신 있게.' 한 글로벌 화장품 브랜드의 유명한 광고 문구가 딱 어울리는 소년이었다. 거친 체벌이 난무하던 시대에 야구를 시작했던 정민철은 문동주의 그런 성격이 마음에 걸렸다. 다소 드세고 이기적인 면도 있는 선수가 성공하는 걸 많이 봐왔으니, 때 묻지 않은 문동주가 '프로'라는 약육강식 사회를 무사히 버텨낼 수 있을지 걱정이 됐다. 문동주의 아버지이자 해머던지기 국가대표였던 문준흠 장흥군청 육상팀 감독을 만난 뒤에도 그랬다. '가풍이 좋구나. 동주가 참 바르게 잘 자랐네. 하지만 마운드에 올라가면 더 독해져야 하는데….'

그러나 이런 감정은 잠깐의 기우에 불과했다. 문동주는 순하되, 충분히 밝고 당찼다. 예의 바르지만 해야 할 말은 했고, 또래들과 함께 있을 때는 장난기 넘치는 리더십을 보여줬다. 지도자·동료·미디어에 두루 친화적이라 모두의 호감을 샀고, 인터뷰도 조리 있게 잘했다. 요즘 시대 스포츠

선수에게 필요한 덕목을 모두 갖춘, '토털 패키지'였다.

2022년 신인 선수들의 입단식이 열린 2021년 9월 5일, 정민철은 대전구장 그라운드에 선 문동주에게 에이스의 등번호 1번이 새겨진 유니폼을 입혔다. 그리고 이글스 로고가 선명한 모자를 씌워주면서 이렇게 말했다. "저 담장 위에 숫자(영구결번) 4개 보이지? 나중에 저 뒤에 네 번호도 걸어야 해." 문동주는 수줍게 웃으면서도 눈을 반짝거렸다. "꼭 그렇게 될 수 있도록 열심히 하겠습니다!" 정민철은 그 모습이 그저 귀여워서 흐뭇하게 웃었다.

8 시프트를 남기고 수베로가 떠났다

수베로 감독의 야구를 상징하는 단어는 '시프트'였다. 밀워키 수비코치 출신인 그는 첫 시즌 첫 시범경기부터 내야와 외야 수비의 경계를 없애는

2023년 1군에 합류한 문동주

문현빈을 격려하는 수베로 감독

파격적이고 변화무쌍한 시프트를 시도했다. 실제로 메이저리그에서 지도자 생활을 한 외국인 감독들은 KBO리그에서도 시프트를 적극 활용하는 편이다. 시프트의 근간으로 삼는 스프레이 차트(타자의 타구 방향을 분석한 통계)가 빅리그에서 가장 먼저 보편화됐기 때문이다. 2018년 SK를 우승으로 이끌었던 트레이 힐만 감독도 첫 시즌이던 2017년 다양한 시프트를 시도해 승리 확률을 높이려고 했다.

한국 감독들도 종종 극단적인 시프트를 사용하긴 했지만, 대부분 로베르토 페타지니(전 LG)·에릭 테임즈(전 NC) 같은 특급 외국인 타자들이나 왼손 거포형 타자들을 타깃으로 할 때가 많았다. 반면 수베로 감독의 시프트는 좀 더 광범위했다. 상대 타자의 타구 방향과 속도는 물론이고, 볼카운트에 따라서도 야수진의 위치에 시시각각 변화를 줬다. 평소엔 1루와 3루를 완전히 비우고 반대쪽에 내야수를 집중 배치했는데, 투수에게 불리한 볼카운트가 되면 유격수나 2루수가 반대편 외야까지 물러나 사실상 '외야수 4명' 대형을 만들곤 했다. "투수가 불리하면 직구를 던질 확률이 높고, 타자들은 볼카운트가 유리할 때 더 강한 스윙을 한다"는 이유에서다.

처음엔 적중률이 나쁘지 않았다. 자리를 옮긴 야수들의 글러브에 상대 타자의 안타성 타구가 족족 걸려들었다. 늘 수비가 약한 팀으로 손꼽혔던 한화의 수비 효율 수치가 크게 상승했고, 야수들도 시프트 결과를 만족스러워했다. 그러나 영리한 한국 타자들과 각 구단 전력분석팀은 곧 극단적인 시프트의 빈틈을 파고들었다. 타격 기술과 밸런스를 잘 유지하는 리그 정상급 타자들은 한화의 현란한 '자리바꿈'을 점점 무력화했다. 한화 투수들도 "시프트가 너무 극단적이라 오히려 우리 입장에선 불안하다"며 불만을 토로하기 시작했다. 명과 암이 뚜렷하게 엇갈린 전략이었다.

수베로 감독은 시프트 외에도 여러 가지 '변칙' 운영을 과감하게 시도했다. 선발 투수 두 명을 한 경기에 투입하는 '탠덤 로테이션'도 그 중 하나다. 일명 '1+1' 전략. 주로 포스트시즌에서 팀이 벼랑 끝에 몰렸을 때나 정규시즌 막바지 팀 순위가 걸린 중요한 경기를 치를 때 활용하는 방법이다. 그러나 한화는 개막 때부터 이 로테이션을 택했다. 외국인 투수 둘과 김민우만 1~3선발로 로테이션을 정상 소화하고, 4~5번 자리엔 선발 요원 4명이 좌우로 한 조를 이뤄 경기에 나서게 했다. '선발+선발'로 경기 중후반까지 실점을 최소화하겠다는 전략. 실상은 5이닝 이상을 확실히 믿고 맡길 투수를 찾지 못해 선택한 고육지책이었다. 다만 이 전략도 오래가지 못했다. 탠덤 요원 중 부상자가 발생하면서 한 달만에 흐지부지됐다.

수베로 감독은 기본적으로 다혈질이었다. 화끈하고 열정적이지만, 가끔 감정을 잘 통제하지 못했다. 문화 차이와 언어 장벽 문제로 심판들과 다투다 1회부터 퇴장당한 적도 있다. 평소엔 신사적이고 포용력 있는 리더였는데, 수틀리면 구단과 합의한 부분을 무시하고 독자 행동을 해 여러

결국 중도 퇴진한 수베로

사람을 곤란하게 했다. 외국인 감독이라는 이유로 얼마간의 고평가와 저평가를 모두 받았던 지도자. 그게 수베로 감독을 향한 시선이었다.

한화가 2022시즌을 다시 최하위로 마친 뒤에는 수베로 감독의 '승부사 기질'에 근본적인 물음표도 붙었다. 아무리 '장기 리빌딩'을 모토로 영입한 감독이라 해도, 1군 감독에게 필요한 승리 플랜이 '제로'에 가까웠다. 첫 시즌엔 별다른 전력보강이 없었지만, 두 번째 시즌에는 구단이 외부 FA를 영입하면서 중위권 정도의 성적은 기대했기에 더 그랬다. 가장 큰 문제는 수베로 감독 본인의 의욕이 처음보다 많이 떨어졌다는 것이다. 잡을 수 있는 경기를 여러 차례 놓친 뒤 "감독이 손을 놓고 있다"는 비판이 나오면, '리빌딩'과 '유망주 육성'을 방패로 삼는 일이 반복됐다.

임기 3년 중 첫 두 시즌 연속 최하위. 감독 교체를 고민하던 한화는 일단 마지막 시즌을 지켜보기로 했다. 수베로 감독이 2년에 걸친 '실험'과

'적응'을 마치고, 어떤 형태로든 '결실'을 보여주길 기대했다. 그러나 개막 후 한 달이 지나도 가시적인 성과는 보이지 않았다. LG 출신 FA 채은성을 주전 외야수로 영입했고, 초대형 유망주 문동주도 부상을 털고 1군에 합류했는데, 수베로 감독은 여전히 선수 기용에 일관성이 없었다. 계약 마지막 시즌마저 팀이 일찌감치 최하위로 처지자 감독의 권위도 점점 힘을 잃어갔다.

2023년 5월 11일, 한화는 결국 정규시즌 31경기 만에 수베로 감독을 경질했다. 하필 연승으로 반등 흐름을 타던 시점에 감독 퇴진이 발표돼 일부 팬들의 반발이 거셌는데, 한화 관계자는 "경질은 연승 전 연패 때 이미 결정됐다. 피치 못할 사정으로 서류상 절차가 늦어져 타이밍이 공교롭게 됐다"고 해명했다. 한화 감독 수베로와 당시 롯데 감독이었던 래리 서튼의 잇단 실패로 KBO리그 내 외국인 사령탑의 입지는 확연히 줄어들었다. 한화는 또 다른 외국인 지도자 대신 2군에서 육성 관련 성과가 뚜렷했던 최원호 감독을 불러 올려 3년간 1군 지휘봉을 맡기기로 했다.

Hanwha
Eagles
Baseball Club

더그아웃 뒤에서②

문동주의 눈앞에 터지는 불꽃

2025년 8월 10일, 문동주의 눈앞에서 화려한 불꽃이 터졌다. 장소는 대전이 아닌 서울 잠실구장. 그는 그날 1위 LG를 만나 6이닝 5피안타 2실점으로 호투했고, 한화가 5-4로 이겨 시즌 9승째를 손에 넣었다.

이날의 승리는 문동주에게 여러 의미가 있었다. 2023년 8승이 개인 최다승이었던 그가 마침내 그 승수를 넘어섰다. 바로 직전 LG전(6월 15일)에선 3 $\frac{2}{3}$이닝 4실점으로 고전해 걱정을 샀는데, 이 경기에서 잘 던져 명예를 회복했다. 한화에게도 이 1승은 중요했다. 3연패를 끊고 1위 LG를 다시 2경기 차로 따라잡았다. 주말 3연전 싹쓸이 패배 위기에서 벗어나 다시 선두 경쟁을 이어갈 수 있게 됐다.

때마침 이날 LG는 여름맞이 팬 감사 이벤트로 성대한 불꽃놀이를 펼쳤다. 원정팀 더그아웃 벤치에 앉아 이글스TV와 인터뷰하던 문동주의 머리 위로 밝고 아름다운 불꽃이 펑펑 터졌다. 어쩐지 2025년 한국시리즈에서 맞붙게 될 것 같은, LG와 한화의 다가올 가을을 미리 축하하는 폭죽처럼 보였다.

그날로부터 2년 4개월 전, 프로 2년 차였던 문동주는 '불꽃 한화'의 선봉장다운 상징적 기록을 하나 남겼다. 2023년 4월 12일 KIA와의 광주 경기에서 1회 말 1사 후 박찬호를 상대로 시속 160.1㎞의 강속구를 던졌다. 2011년 KBO가 피치 트래킹 시스템(PTS)을 도입한 이후 국내 투수가 시속 160㎞를 넘긴 건 문동주가 처음이었다. 류현진 이후 오랫동안 '압도적인 에이스'를 기다려왔던 한화 구단과 팬들은 일제히 들떴고, 환호했다.

문동주는 고교 시절부터 강속구에 자부심이 있었다. "그땐 대회에 나갈 때마다 구속이 빨라지는 걸 확인하는 재미가 있었다. 그 덕에 투수를 하는 게 점점 즐거워졌다"고 털어놨다. 프로 입단 두 번째 시즌 만에 시속 160㎞의 장벽을 넘었으니, 도전의식은 더 커졌다. 그는 "그냥 평소처럼 던졌는데 새 기록이 나왔다고 하니 뭔가 실감이 나지 않았다"면서도 "앞으로 내가 최고 구속을 경신할 때마다 한국 기록이 바뀌는 것 아닌가. 계속 더 빠른 스피드에 도전해보고 싶다"고 했다.

그해 문동주의 하이라이트는 10월 중국 항저우에서 열린 아시안게임이었다. 문동주는 최대 난적 대만과의 두 차례 대결에 모두 선발 등판해 금메달의 주역이 됐다. 예선 첫 경기(4이닝 2실점)가 생각보다 잘 풀리지 않아 불안해하기도 했지만, 선배들과 동료들의 격려 덕에 에너지를 얻었다. "무조건 이길 것 같다"는 예감을 안고 씩씩하게 결승전에 나섰다.

그날 문동주는 마운드에서 평소보다 훨씬 격하게 감정을 표현했다. 주먹을 불끈 쥐고 가슴을 팡팡 치며 포효했다. 그는 "평소 그런 스타일이 아닌데, 나도 모르게 소리를 지르게 됐다. 역시 그만큼 간절했던 것 같다"고 쑥스러워했다. 국가대표 에이스 문동주의 결승전 성적은 6이닝 7탈삼진 무실점. 어릴 적부터 품었던 '금메달리스트' 꿈을 자신의 힘으로 이뤘다. 경기 후 만난 그는 날아갈 듯 환한 미소로 "금메달을 따서 정말 좋고, 내가 한몫한 것 같아서 더 많이 좋다"고 했다.

문동주는 그렇게 류현진 이후 17년 만의 한화 출신 신인왕에 올랐고, KBO리그 최고 인기 선수 중 한 명으로 주목받기 시작했다. 대전에선 일찌감치 '왕자'라 불리며 인기몰이를 했는데, 마침내 '전국구 스타'로 발돋움한 것이다. 2023년의 한화는 또다시 시즌 도중 감독을 바꾸고, 간신히 꼴찌를 벗어나 9위로 시즌을 마치는 우여곡절을 겪었지만, 문동주의 성장에서 팀의 위안과 미래를 찾았다.

다시 2025년 8월 10일의 잠실구장. 한화는 2년 전과 달리, 꼴찌가 아닌 '1위를 다투는' 팀이 됐다. 문동주도 그 주축 멤버로 값진 승리를 하나 더 쌓았다. 그는 "팀이 상위권에서 경쟁하니, 나도 더 강해지는 것 같다. 이런 경쟁심 넘치는 상황을 좋아한다"며 눈동자를 빛냈다. 그날 문동주의 최고 구속은 시속 160.7㎞. 2025년 KBO리그에서 가장 빠른 공이었다. 그 밤을 수놓은 불꽃 못지않게 강렬했다.

RIDE THE STORM
Summer Holic

3부

그들이
한화에
모여들었다

1

키가 작으면 어때? 문현빈인데

2022년 9월 15일, 한화 단장이던 정민철은 2023년 신인 지명을 모두 마치고 기분 좋게 맥주 한 잔을 기울였다. 1차 지명이 사라지고 전면 드래

2023년 개막전에 출전한 문현빈

지명 후 대전구장을 첫 방문한 김서현과 문현빈

프트가 부활한 그해, 한화는 원하던 '대어' 둘을 낚았다. 1라운드 전체 1순위로 뽑은 투수 김서현, 2라운드 전체 11순위로 지명한 내야수 문현빈. 정민철은 생각했다. '이제 우리 팀에도 좋은 선수들이 모이기 시작하는구나. 이거 진짜 해볼 만하겠다.'

그해 전체 1순위 지명을 다툰 유력 후보는 덕수고 투수 심준석과 서울고 투수 김서현이었다. 심준석은 고교 1학년 때 시속 150㎞를 넘기고 3학년 때 최고 시속 157㎞를 찍어 일찌감치 메이저리그의 레이더에 포착된 '구속 천재'였다. 타고난 신체 조건도 압도적이었는데, 프로 지명을 앞두고 제구 난조를 보여 일말의 불안감을 안기던 참이었다. 김서현도 장점은 충분했다. 스리쿼터로 시속 150㎞대 중반에 이르는 강속구를 곧잘 던졌고, "심준석보다 조금 더 안정적으로 '투수 같은' 피칭을 한다"는 평가를 받았다.

입단 기념 선물을 받고 좋아하는 김서현과 문현빈

어느 쪽도 놓치기 아까운 재능. 그러나 문동주를 데려오던 1년 전처럼, 한화는 이번에도 자동으로 '선택의 짐'을 덜었다. KBO 신인 드래프트 신청 마감일까지 고민을 거듭하던 심준석이 끝내 참가 신청을 하지 않고 미국 무대 도전을 택했다. 여름 내내 마음이 오락가락하던 정민철은 가슴을 쓸어내렸다. 더는 망설일 이유가 없었다. "한화이글스는 전체 1순위로 서울고 투수 김서현 선수를 지명하겠습니다." 드래프트 현장에 큰 박수가 터졌다. 여기까지는 모두가 예상했던 결과. 그렇게 1라운드가 지나가고 총 10명의 이름이 각 구단에 불렸다.

장내가 술렁인 건 바로 그다음. 한화가 2라운드 첫 번째 순서로 북일고 내야수 문현빈을 호명했을 때였다. 문현빈은 당시 고교 최고 2루수였지만, 그를 '전체 11순위급'으로 평가한 전문가는 거의 없었다. 대부분 3~4라운드 지명을 점쳤고, 빨라야 2라운드 후반일 것이라고 내다봤다.

한화 입장에선 회심의 '얼리픽', 야구 관계자들 시선에선 '의문픽'이었다. 아마야구 깨나 본다는 사람들이 모인 온라인 커뮤니티에서도 한화의 선택을 두고 비판이 이어졌다. 한화엔 이미 2021년 골든글러브를 수상한 '젊은 2루수' 정은원이 버티고 있었기에 더 그랬다. 가뜩이나 선수층이 얇은 한화가 취약 포지션을 보강할 기회를 놓아버리고, 불필요한 '중복 투자'를 했다는 평가가 쏟아졌다.

외부에서만 그랬던 게 아니다. 구단 내부에서도 '2라운드 문현빈 지명'에 뜻을 모으기까지 꽤 많은 의견 조율 시간이 필요했다. 문현빈은 타격 재능은 무척 뛰어났지만, 키가 작고 발도 그리 빠르지 않았다. 신체 조건이 좋은 강속구 투수들이 2라운드에 대거 나올 텐데, 그들 대신 문현빈을 뽑는 건 리스크가 무척 커 보였다. 정민철 단장과 정민혁 스카우트 파트장을 중심으로 마라톤 회의를 거듭한 한화는 결국 '안전'이 아닌 '모험'을 택하기로 결정했다. "이 정도 타격 잠재력이 있는 야수는 한동안 나오기 힘들 겁니

문동주와 김서현

다. 다른 팀이 뽑기 전에, 그냥 빨리 데려옵시다."

사실 이 선택은 정민혁 파트장의 스카우트 인생을 건 뚝심이자 확신이었다. 언더핸드 투수였던 그는 은퇴 후 1년간 모교인 충남중학교 투수코치로 일했는데, 그때 숱한 아마야구 경기를 보다 '유천초등학교 유격수 문현빈'을 발견했다. 그 후 한화로 복귀해 스카우트 업무를 맡게 된 뒤에도 그 꼬마 선수의 성장 과정을 꾸준히 체크하고 지켜봤다. 말하자면, 운명적 만남이었던 셈이다. 이제는 스카우트 팀장이 된 정민혁은 "그해 한화 지명 전략의 핵심은 문현빈이었다. 2022년 신인 문동주, 2023년 신인 문현빈이 이글스의 투타 기둥으로 성장해야 한다는 바람을 담아 '투 문(Two Moon)'이라는 애칭을 미리 만들어놓기도 했다"고 귀띔했다.

실제로 문현빈은 잠재력이 엄청난 소년이었다. 초등학교를 졸업할 때 인근 중학교들 사이에 스카우트 전쟁을 일으켰고, 온양중 시절엔 밀어 쳐

정민철 단장과 입단 인사를 나누는 문현빈

서 홈런을 때려낼 정도로 강한 타구를 만들어내는 능력이 남달랐다. 정 팀장은 "악바리 근성으로 임하는 훈련 태도는 이미 국가대표급이었고, 부상 없이 꾸준히 경기에 출전할 수 있는 신체적 잠재력도 충분했다"고 설명했다. 북일고 1학년 때부터 3학년 때까지 팀이 치른 전 경기에 출전한 게 그 증거다.

'3라운더'도 아닌, '2라운더 문현빈'을 밀어붙이게 된 계기도 있다. "현빈이 외에 초등학교 시절부터 방망이 좀 친다는 야수가 한 명 더 있었어요. 그래서 현빈이와 그 친구의 프리배팅을 비교해봤죠. 그 친구는 그냥 '잘하는 고등학생'이었는데, 현빈이는 프로 선수 이상으로 타구 스피드가 빠르더라고요. 그렇다고 엄청 크게 스윙하는 것도 아닌데…. 체격은 작은데도 배트가 히팅 포인트까지 짧게 나오면서 공을 터질 듯 때려내는 파워가 정말 엄청났어요. 그런 건 앞으로도 쉽게 보기 힘든 능력이라고 판단했습니다."

한화는 문현빈을 놓치기 싫었다. 남들은 "너무 빨리 뽑은 거 아니냐"고 했지만, 오히려 한화는 "내야수를 필요로 하는 팀들이 앞에서 데려갈까 봐 걱정하면서" 초조하게 1라운드가 끝나기만을 기다렸다. 그렇게 2라운드 첫 호명 순서가 왔고, 정민철은 당당하게 마이크를 들어 문현빈의 이름을 불렀다. 여기저기서 동요가 일고 수군거림이 들렸지만, 한화 관계자들이 앉은 테이블엔 의기양양한 미소가 번져나갔다.

같은 시각 세계 청소년 야구선수권대회에 참가하느라 미국 플로리다에 머물고 있던 문현빈은 태블릿 PC로 한화의 2라운드 지명 소식을 듣고 깜짝 놀라며 환호했다. 대전에서 나고 자란 그가 고향팀 유니폼을 입게 됐으니, 그 기쁨은 예상했던 것보다 더 컸다. 정민혁 팀장은 "당시 정민철 단장님께서 '어떤 의도인지 충분히 알겠다'며 나와 팀원들의 선택을 믿고 지지해주셨다. 전력강화 코디네이터셨던 손혁 현 단장님의 지원 사격도 큰 도움이 됐다"고 고마워했다.

한화의 '눈'이 옳았다는 걸 야구계 전체가 알게 되기까지는 그리 오랜 시간이 걸리지 않았다. 문현빈은 2023년 스프링캠프에 신인 야수로는 유일하게 참가해 자신의 잠재력을 보여줬고, 그해 KBO리그 역대 7번째로 고졸 신인 데뷔 시즌 세 자릿수 안타(114개) 기록을 세웠다. 물론 그 정도 성과는 2025년 시작될 진짜 영웅 탄생의 서막에 불과했다.

청소년 대표에서 지명 소식을 들은 문현빈과 김서현

한화에 없던 리더, 채은성의 등장

판을 싹 다 갈아엎고 2년. 수베로 감독 체제에서 숱한 시행착오를 겪은 한화는 '전면 리빌딩'의 어려움을 새삼 실감했다. 젊은 선수의 성장은 주어진 기회에 비례하지 않는다는 것, 무게감 있는 베테랑 선수 없이는 체계적이고 단단한 팀을 만들기 어렵다는 것, 경력과 나이만 많은 고참이 아니라 팀을 좋은 방향으로 이끌 수 있는 더그아웃의 리더가 필요하다는 것. 한화는 고난 속에 얻은 깨달음을 잊지 않기 위해, 수년간 닫아뒀던 지갑을 열기로 했다. 비로소 '공격적인 투자'의 서막이 열린 것이다.

2022년 11월 22일, 곧 운명적인 등번호 22번을 달게 될 선수 한 명이 그렇게 한화에 왔다. FA 외야수 채은성. 2009년 LG에 육성선수로 입단했다가 A급 외야수로 성장한 신화의 주인공. 한화는 6년 총액 90억 원을 투자해 그를 대전으로 영입했다. 당시 한화가 간절하게 찾던 존재는 '선수단 체질을 바꿀 수 있는 리더형 베테랑'이었다. 같은 시기 NC에서 FA로 풀린 현역 최고 포수 양의지도 영입 목표 대상 중 하나였지만, 그는 친정팀 두

2023년 올스타전 MVP로 뽑힌 채은성

산의 손을 잡기로 마음을 굳힌 상태였다. 한화는 LG의 암흑기와 재도약 과정을 관통한 채은성이 충분히 팀의 중심을 잡는 기둥 역할을 해줄 것이라 여겼다.

실제로 채은성은 과거 한화에서 쉽게 볼 수 없었던 유형의 선수였다. 착하지만 만만해 보이지 않았고, 활발하지만 가볍지 않았다. 야구를 잘하지만 선수들이 거리감을 느낄 정도의 슈퍼스타는 아니었고, 예의는 지키되 너무 무게를 잡지도 않았다. 힘든 시간을 이겨내고 차근차근 계단을 밟아 올라와서 그런지, 주변을 살피고 배려하는 포용력도 지녔다.

이지풍 한화 트레이닝 코치는 "은성이가 처음 팀에 왔을 때부터 다른 'FA 대박' 선수들과는 좀 다르다는 걸 느꼈다"고 했다. 채은성은 한화와 계약한 뒤 모든 코치들에게 이적 인사가 담긴 문자 메시지를 보냈다. 한화에 '귀한 몸'으로 왔으니 굳이 지도자들에게 잘 보일 필요가 없는데도, 일

부러 시간을 들여 그렇게 했다. 이 코치는 그런 마음씀씀이를 높이 샀다. "저도 이제 코치 생활을 20년 넘게 했는데, 돈을 많이 벌고 나서도 변하지 않는 선수는 그리 많지 않거든요. 그 메시지가 여러 명에게 똑같이 보낸 '복붙(복사해서 붙이기)'이라 한들, 굳이 그런 수고를 들인다는 것 자체가 코치 입장에선 기분 좋잖아요. 처음 만난 선수였는데, 정이 확 갔죠."

채은성이 오기 전까지, 한화는 주장을 맡길 적임자가 없어 매년 애를 먹었다. 수베로 감독 부임 첫 시즌인 2021년에는 노수광이 주장에 올랐는데, 타격 성적이 너무 부진하자 그해 6월 스스로 "그만하고 싶다"며 물러났다. 당시 27세였던 하주석이 급하게 그 자리를 넘겨받았지만, 너무 젊은 나이에 덜컥 중책을 맡아 좌충우돌했다. 심지어 이듬해 하주석마저 여러 사건·사고로 물의를 일으켜 오래 자리를 비워야 했다. 결국 수베로 감독 마지막 시즌인 2023년엔 데뷔 20년 차 불펜 투수 정우람이 울며 겨자

외로웠던 채은성

한화와의 FA 계약서에 사인하는 채은성

먹기로 주장 역할을 떠안았다.

그렇게 어수선하던 한화 라커룸에 조용히 스며든 채은성은 얼마 지나지 않아 또렷한 존재감을 보이기 시작했다. 종종 선수들의 승부욕으로 포장되곤 했던, '분노의 기물 파손' 행위가 한화 더그아웃에서 완전히 사라진 게 대표적이다. 한화 프런트의 한 직원은 이렇게 증언했다.

"FA 계약 후 얼마 지나지 않아 채은성 선수와 대화할 기회가 있었어요. 그때 우리 팀 다큐멘터리에 등장해 논란이 됐던, '분노 표출' 얘기가 나왔죠. '카메라에 찍히지 않는 곳에서도 그런 일이 종종 있다'는 말에, 채은성 선수가 그러더군요. 'LG에서는 불가능한 일이다. 만약 그런 일이 벌어지면, 기물이 아니라 그 선수가 고참들에 의해 부서지게 될 거다'라고요. 그리고 이런 약속도 했어요. '이제 한화에서도 그런 일은 없게 하겠다'고. 그때 팀 문화의 중요성을 다시 생각해보게 됐습니다."

나중에 채은성에게 그 시절 이야기를 물으니, 그는 사실 "외로웠다"고 했다. 심지 굳고 당당한 모습으로 동료들과 구단 직원들의 마음을 사로잡았지만, 오래 몸담았던 팀을 떠나 홀로 새 팀에 적응해가는 과정이 결코 쉽지만은 않았던 것이다. '90억 FA'라는 타이틀 위로 스포트라이트는 쏟아지는데, 누구와도 그 부담감을 공유할 수 없었던 시간. 채은성은 한화에서의 첫 1년간 '인생 공부'를 참 많이 했다.

"FA로 돈을 많이 받고 그만큼 큰 기대 속에 팀에 왔잖아요. 내 야구만 신경 쓰기에도 사실 벅찬데, 새 팀에서 리더 역할도 해야 하고 모범도 보여야 한다는 게 많이 힘들었죠. 그때 뭔가 '고립된 느낌'을 받았던 것 같아요. 특히 첫 시즌에는요. 그렇다고 속 얘기를 함부로 할 수도 없었어요. '배부른 소리 하고 있다'는 얘기나 들을 것 같고. 그래서 말을 더 아꼈고, '힘들다' 얘기하지 않으려 했고, 핑계 대지 않으려 했죠. 한 팀에서만 뛰어본 선수들은 알 수 없는 감정일 거예요. 이런 건 아무나 못 하는 경험이니

전력 질주하는 채은성

까, 이젠 그냥 '재밌었다'고 생각하고 있어요."

원래 어른스러웠던 채은성은 그렇게 한 뼘 더 성숙했다. 그리고 서서히 그의 곁에는 같은 뜻과 같은 마음을 나누는 '진짜' 동료들이 하나씩 늘어갔다. 2023년 12월, 한화 이적 후 두 번째 시즌을 앞둔 채은성은 순천 효천고 시절 이후 처음으로 주장이 됐다. 물 흐르듯 자연스러운 수순. 누구도 이의를 제기하지 않았다. 한화는 마침내 선수단의 재도약을 이끌 구심점을 찾았다. 채은성 영입은 그것만으로도 일단 '성공'이었다.

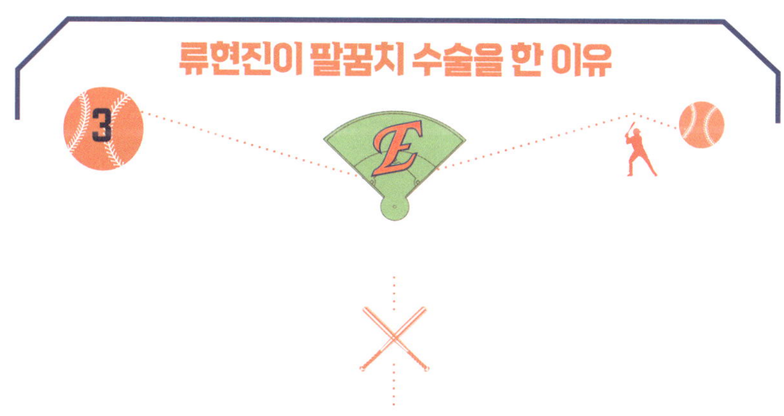

류현진이 팔꿈치 수술을 한 이유

"메이저리그에서 몇 년 더 뛰고 싶어서 팔꿈치 수술을 한 게 아니에요. 한화에 오면 잘하고 싶어서 수술한 거지."

한화로 복귀한 류현진과 박찬혁 대표

오키나와 캠프에 합류한 류현진

2023년 11월의 어느 날, 토론토 블루제이스에서 마지막 시즌을 보내고 귀국한 류현진과 아주 오랜만에 마주한 자리. 집 근처 고깃집에서 열심히 고기를 굽던 그가 갑자기 뜻밖의 속내를 꺼냈다. 아직 KBO리그 복귀를 결심하지도, 한화와 구체적인 대화를 나누지도 않은 시점. 그런데도 류현진은 이미 한화와 함께할 미래를 그리고 있었다. 불판 위에 새 고기를 올려놓던 그에게 물었다. "슬슬 돌아올 때가 다가오는 거냐"고. 류현진은 "그렇다"고 했다. 11년에 걸친 메이저리그 생활이 무척 영예로웠지만, 오랜 타국 생활에 조금은 지친 듯도 했다. "이제 한화에서 마음 편히, 즐겁게 야구하고 싶은 건가." 재차 질문을 던졌다. "응." 류현진은 주저 없이 고개를 끄덕였다. 짧은 대답에 굵은 진심이 스쳤다.

한화가 기대했던 류현진의 복귀 시기는 2025년. '한화생명이글스파크'라 불리던 한밭종합운동장 야구장을 떠나 새로 지은 홈구장이 문을 여는 시즌이었다. 2020년 말 박찬혁 대표와 정민철 단장은 중장기 리빌딩을 위한 5개년 사업계획을 세웠는데, 그때 목표로 한 '큰 그림'은 이랬다.

'2025년쯤이면 기존 유망주들의 플레잉 타임이 누적되면서 새로 영입한 선수들과 시너지를 일으킬 수 있는 환경이 갖춰질 것이다. 여기에 류현진까지 가세하면? 우승까지 바라볼 수 있는, 경쟁력 있는 팀이 된다.' 그때부터 내심 한화는 금의환향한 에이스가 새 구장에서 역사적인 복귀 첫 공을 던지는 꿈을 꿨다.

그런데, 2023년 여름 미국에서 류현진을 만난 손혁 단장이 희망찬 소식을 듣고 귀국했다. '밑져야 본전'이라는 심정으로 넌지시 "다음 시즌엔 한화에서 뛰자"고 운을 띄워봤는데, "생각해보고 있다"는 뜻밖의 얘기를 들은 것이다. 토론토와 류현진의 계약은 2023년까지였지만, 여전히 빅리그에서 경쟁력 있는 투수였던 그가 곧바로 한국에 올 것이라고는 누구도 생각지 못했다. '류현진'과 '복귀'. 한화가 10년 넘게 기다려왔던 두 단어의 조합이 눈앞에서 불쑥 현실로 튀어나왔다. 손 단장과 한화 관계자들의 심장은 빠르게 뛰기 시작했다.

류현진은 2022년 6월, 30대 중반의 나이에 두 번째 팔꿈치 인대접합수술을 받았다. 고교 1학년이었던 첫 수술 때와 달리, 이번엔 나이가 적지 않아 위험 부담이 컸다. 그래도 그는 큰 고민 없이 빠르게 수술대에 올랐고, 다시 1년이 넘는 재활 기간을 묵묵히 견뎌냈다. 그가 더 오래 마운드에 서고 싶은 이유와 목적은, '빅리그'가 아닌 '한화'였기 때문이다. 류현진의 이런 마음은 절친한 후배 장민재, 이태양 등을 통해 한화의 다른 후배들에게도 전해졌다. 2023년 12월 만난 문동주는 인터뷰 도중 "류현진 선배님이 한화에서 뛰려고 팔꿈치 수술을 받으신 거라는 얘기를 듣고 마음이 벅찼다. 정말 멋지다고 생각했다"며 "나는 후배 이전에 류현진 선배님을 응원하는 야구선수이자 팬이다. 옆에서 많은 걸 보고 배우고 싶어서, 얼른 한화로 돌아오시기만을 기다리고 있다"고 눈을 반짝였다.

오키나와에서 주장 채은성과 인사를 나누는 류현진

한화를 향한 류현진의 애정은 세간에 알려진 것보다 더 컸다. 2023시즌을 끝으로 FA가 됐을 때, 그의 마음은 이미 한화로 기울어져 있었다. "늦어도 2025시즌 전에는 무조건 돌아온다"는 의지도 확고했다. 이유는 하나다. "내게 힘이 남아 있을 때 한화에 돌아와야 내 역할을 할 수 있기 때문"이다. 처음부터 메이저리그에서의 다년 계약은 선택지에 없었다. FA 협상 전 에이전트에게 "2년 계약이나 1+1년 계약은 하지 않겠다. 계약 기간은 1년, 금액은 1,000만 달러 이상, 포스트시즌에 진출할 만한 전력의 팀. 이 세 가지 조건이어야 사인하겠다"고 못 박았다.

류현진은 그날 그 고깃집에서 한 투수의 이름을 언급했다. 일본 프로야구 히로시마 카프에서 은퇴한 구로다 히로키다. 구로다는 1997년부터 11년간 히로시마의 에이스로 활약하다 2008년 메이저리그에 진출해 다저스(4년)와 뉴욕 양키스(3년)에서 뛰었다. 양키스와의 계약 마지막 해인 2014년에도 11승 9패, 평균자책점 3.71로 준수한 성적을 냈다. FA가 된

그에게 다저스와 샌디에이고 파드리스 등이 거액을 제시했다.

그러나 39세가 된 구로다는 그 제안을 모두 뿌리치고 친정팀 히로시마로 돌아왔다. "내가 언제까지 공 하나하나에 진심을 담아 던질 수 있을까 생각해봤을 때, 지금 복귀하지 않으면 안 될 것 같다"고 했다. 구로다의 선택은 일본 프로야구뿐 아니라 메이저리그에도 큰 울림을 줬다. 결국 그는 2016년 약체였던 히로시마를 25년 만의 센트럴리그 우승으로 이끌고 은퇴했다. 유일한 아쉬움은 그해 히로시마가 일본시리즈에서 닛폰햄 파이터스에 2승 4패로 져 준우승했다는 것이다. 당시 닛폰햄엔 오타니 쇼헤이(현 다저스)가 버티고 있었고, 구로다가 상대한 현역 마지막 타자도 오타니였다.

류현진은 일본시리즈를 은퇴 무대로 삼았던 구로다를 떠올리며 "나도 언젠가는 그렇게 내 힘으로 한화의 우승을 이끄는 게 오랜 꿈이었다"고 털어놨다. 이제는 한화 복귀를 더 미룰 수 없는 타이밍이 다가오고 있다는 의미였다. "은퇴를 앞둔 시기에 힘이 다 떨어진 채로 돌아와 '팬들 앞에 다시 서는 것'에만 의미를 두고 싶지는 않았어요. 내가 한화에 힘이 될 때, 좋은 모습으로 팬들의 응원에 보답하는 게 더 중요하니까요."

류현진은 최초의 KBO리그 출신 메이저리거였다. 빅리그에서 보낸 11년간 가장 높은 곳에서 빛나기도 했고, 부상과 싸우느라 지치기도 했다. 찬란하고 명예로웠지만, 그만큼 외롭고 고되기도 했다. 그 모든 순간에 그는 한화를 잊지 않았다. 시차가 다른 한화 경기를 매일같이 챙겨봤고, 거의 매년 겨울 개인 훈련지에 한화의 후배 투수들을 데리고 갔다. 그런 류현진이 조용히 다시 한화에 둥지를 틀 채비를 하고 있었다.

그리고 2024년 2월, 마침내 '그 소식'이 전해졌다. 한화의 스프링캠프가 한창이던 일본 오키나와가 뒤집어졌다. 한화 캠프만 난리 난 게 아니라,

전 구단 캠프가 술렁였다. "뭐? 누가 온다고? 말도 안 돼. 벌써? 정말이야?" 진짜였다. 류현진이 다시 한화 유니폼을 입고, 한화의 동료들과 함께 훈련하러 오키나와에 왔다. 진정한 '대장'의 귀환. 한화가 다시 강팀이 될 날이 머지않은 듯했다.

4 "누가 온다고?" 잔뜩 들뜬 오키나와

8년 총액 170억 원. 계약 기간도, 총액도 모두 KBO리그 역대 최대 규모. 한화는 2024년 2월 22일 류현진과의 다년 계약을 공식 발표했다. 다저스(7년)와 토론토(4년)에서 11년간 뛰면서 빅리그 통산 78승 48패 1세이

류현진과 문동주가 함께한 첫 스프링 캠프

롯데와의 캠프 연습경기에서 투구하는 문동주

브, 평균자책점 3.27, 탈삼진 934개를 기록한 투수. 메이저리그 전체 평균자책점 1위, 올스타전 선발투수, 사이영상 투표 2위 등 그 어떤 한국인 선수도 해내지 못한 신화를 쓴 주인공. 그가 마침내 한국으로 금의환향했다.

류현진과의 계약이 확정된 날, 손혁 단장은 채은성에게 전화 한 통을 받았다. "단장님, 감사합니다!" 이적 2년 차에 주장이 된 그의 목소리에 모처럼 활기가 넘쳤다. "이제 선수들 마음가짐 자체가 달라질 것 같습니다. 다들 새로운 목표 의식이 생겼을 겁니다. 정말 잘됐습니다!" 류현진의 복귀를 진심으로 반기는 채은성의 인사에 손 단장도 기분이 좋아졌다. 손 단장은 "실제로 류현진과 계약한 뒤 많은 이들에게 축하 인사를 받았는데, 대부분 '선수 한 명을 영입한 그 이상의 효과를 누리게 될 거다'라고 덕담을 해주시더라"며 흐뭇해했다.

류현진이 다시 한화 유니폼을 입는다는 소식에 미국과 일본에 흩어져 있던 10개 구단 스프링캠프가 들썩였다. 특히 감독들은 한화를 향한 경계심을 공개적으로 드러냈다. LG 염경엽 감독은 "류현진이 돌아왔으니 야구는 더 재밌어지고, 감독들은 더 힘들어질 것 같다"고 한숨을 내쉬었다. 2023년 LG의 통합 우승을 이끈 염 감독은 당초 2024시즌 목표를 구단 역대 최다승(2022년 87승) 기록 경신으로 잡았다. 그러나 류현진은 KBO리그 시절 'LG 킬러'였다. 염 감독은 "새 시즌 목표 승수를 84승으로 조정했다"며 그 이유를 설명했다. "류현진 한 명이 가세하면서 한화는 국내에서 2위 안에 드는 1~4선발진을 보유하게 됐잖아요. 이번 시즌엔 5강에 들려는 중위권 경쟁이 치열할 것 같은데, (한화가 가세해) 순위 경쟁 팀이 늘어나면, 모든 팀의 승수가 전체적으로 떨어질 수밖에 없어요."

오랜만에 만난 김태균과 류현진

다른 감독들도 류현진이 한화에 미칠 무형의 선순환에 주목했다. 선수 시절 한화에서 류현진과 함께 뛰었던 이범호 KIA 감독은 "류현진이라는 선수 한 명을 경계한다기보다 한화 전체가 강해지는 걸 경계하게 된다. 젊은 선수가 많은 한화에 류현진이 합류해 미치는 긍정적인 영향이 클 것 같다"고 했다. 김태형 롯데 감독은 "한화의 국내 선발 문동주는 공이 좋아도 아직 어린 투수인데, 류현진이 들어오면 시너지 효과가 엄청나게 날 것"이라며 "류현진의 복귀는 리그 전체 분위기를 끌어올리는 데도 도움이 된다"고 내다봤다.

계약 발표 다음 날인 2월 23일, 마침내 수트 차림의 류현진이 오키나와에 나타났다. 여러 팀 캠프에 흩어져 있던 취재진이 모두 한화 캠프로 모여들었다. 한화 선수들도 소풍을 앞둔 초등학생들처럼 기분 좋게 들떴다. 류현진은 오키나와 고친다구장 더그아웃 앞에 모인 선수들을 향해 크게 인사했다. "12년 만에 다시 왔습니다. 선수들과 함께 높은 곳으로 향해 갈 수 있도록 저도 열심히 할 테니까, 다 같이 잘해봅시다!" 웃음과 박수가 터져나왔다.

그렇게 다시 시작된 류현진과 한화의 동행. 류현진은 "다들 너무 반갑게 맞아줘서 기분이 좋았다. 일정에 따라 차근차근 공을 던지면서 개막을 준비하겠다"고 각오를 다졌다. 정작 "선배님의 모든 것을 배우겠다"고 의욕을 보였던 후배들이 쭈뼛쭈뼛했다. 막상 '거물' 선배가 눈앞에서 왔다갔다 하자 쉽게 다가가지 못하고 주변을 맴돌기만 했다. 김서현은 "선배님이 캐치볼하고 계실 때 말을 걸어보고 싶었는데, 차마 그렇게 못했다"고 아쉬워했다. 문현빈도 "아직 선배님과 한 팀에서 뛰게 된 게 실감이 나지 않아서 볼 때마다 신기하다. 아침에 마주치면 인사 정도 드리는 게 전부"라며 수줍어했다.

황준서의 불펜 피칭을 지켜보는 류현진

류현진도 후배들의 그런 마음을 잘 알았다. 그는 "12년 만에 왔더니 아직은 선수들이 어려워하는 것 같다"며 "내가 먼저 '이리 오라'고 하는 것도 부담일 테니, 그냥 먼저 편하게 다가왔으면 좋겠다. 후배들이 밥 사달라고 하면 다 사줄 거다"라고 했다. 또 "일단 투수들부터 다 같이 만나야 할 것 같다. 다들 (돈 걱정은 하지 말고) 많이 먹어도 된다"며 웃었다. 실제로 그는 스프링캠프 휴식일을 앞둔 2월 28일 저녁, 나하 시내의 한 한식당에서 투수 전원에게 한턱 냈다. 후배들이 다음 날 훈련에 부담을 느끼지 않도록 일부러 휴식일 전날로 회식을 잡았다. 어색함을 풀고, 조금씩 서로에게 다가가는 계기가 됐다.

가장 중요한 '투수'로서의 준비도 순조롭게 진행됐다. 그는 다른 선수들보다 캠프에 늦게 합류했는데도 두 차례 불펜 피칭을 완벽하게 마쳤다. 공을 받은 동기생 포수 이재원은 연신 "나이스!"를 외쳤다. 최원호 감독은 "내가 인상 쓸 일이 없다. 웃음이 절로 난다. 앞으로 경기에서 던질 모습을 상상하니 더 좋다"고 싱글벙글 웃었다. 손 단장도 "불펜 피칭을 지켜보니 '역시 대단한 투수'라는 생각이 들었다. 확실히 다르긴 다르더라"며 "시즌 준비가 정말 잘 돼 있다. 류현진이 던지는 모습을 보면, 누구나 인정하게 될 것"이라고 했다.

3월 2일 진행한 첫 라이브피칭도 그랬다. 류현진은 그날 처음으로 타석에 타자를 세워놓고 100%의 힘으로 공 65개를 던졌는데, 초반부터 타자들의 헛스윙이 이어졌다. 안타성 타구도 세 개가 전부였다. 여기저기서

"체인지업 궤적이 진짜 직구랑 똑같다"는 감탄사가 들렸다. 해설위원 자격으로 캠프에 온 김태균은 그 모습을 지켜보면서 "저런 공이라면 올해 18승도 하겠다"고 혀를 내둘렀다. 김태균이 "커브가 왜 이렇게 밋밋해?"라고 짐짓 장난을 치자 류현진이 "그럼 (타석에) 들어와! 들어와!"라고 유쾌하게 받아치기도 했다.

류현진과 처음 배터리를 이룬 최재훈은 "공을 처음 받아봤는데 느낌이 다르다. 제구가 너무 좋아서 포수가 받기에 딱 좋고, 크게 움직일 필요가 없었다"고 총평했다. 최 감독도 "좌우 로케이션, 다양한 변화구, 커맨드(원하는 곳에 정확하게 공을 던질 수 있는 능력) 등이 전반적으로 좋았다. 아직 몸 상태가 100%가 아닌데도 투구 밸런스가 좋아 보였다"며 "이대로만 잘 진행한다면, 개막전 선발 등판이 가능하다"고 기대했다.

고친다구장에서 류현진이 라이브피칭을 끝낸 그날 오후, 구시가와구장에선 문동주가 롯데와의 연습경기에 세 번째 투수로 등판해 2이닝 2탈삼진 퍼펙트를 기록했다. 최고 구속은 벌써 시속 148㎞. 문동주는 등판 후 "몸을 잘 만든 것 같다. 앞으로 개막에 맞춰 잘 준비하면 된다"며 스스로 만족스러워했다. 빅리그에서 온 노련한 베테랑 류현진과 물 오를 때가 된 3년 차 문동주. 최강 국내 원투펀치의 탄생이 눈앞으로 다가온 듯했다. 한화의 희망을 담은 풍선은 그렇게 오키나와의 바람을 타고 더 높이 떠올랐다.

Hanwha
Eagles
Baseball Club

5

7연승과 1위, 행복했던 시작

다시 '류현진과 함께하는' 한화의 시즌이 시작됐다. 2024년 3월 23일, 한화의 정규시즌 개막전 상대는 LG, 선발투수는 류현진이었다. 2012년 10월 4일 대전 넥센전 이후 4,188일 만의 KBO리그 복귀전. 잠실구장의

복귀전에서 투구하는 류현진

아쉬워하며 내려오는 류현진

2만 3,750석이 꽉 찼다. 류현진은 1회 말 한화 팬들의 엄청난 연호 속에 마운드에 올랐다. 그는 "마운드에 올라갔을 때 많은 팬들이 내 이름을 외쳐주셔서 정말 기뻤고, 감회가 새로웠다"고 돌이켰다.

KBO리그가 전 세계에서 가장 먼저 도입한 자동 볼 판정 시스템(ABS)이 처음 정규시즌 경기에 적용된 날. 류현진은 적응에 애를 먹었다. 그의 장기는 스트라이크존 코너와 보더라인을 자유자재로 활용하는 핀포인트 제구력인데, 평소보다 볼넷이 많았다. $3\frac{2}{3}$이닝 6피안타 3볼넷 5실점(2자책점). 류현진은 아쉽게도 복귀전에서 패전 투수가 됐다.

운도 따르지 않았다. 2-2로 맞선 4회 말 2사 1루. 그는 신민재를 2루수 땅볼로 유도했다. 그런데 이때 2루수 문현빈이 타구를 잡지 못하고 뒤로 빠트려 공이 외야까지 굴러갔다. 이닝이 끝날 수 있었는데, 2사 1·3루 위기로 이어졌다. 흔들린 류현진은 후속 두 타자에게 연속 적시타를 맞았다. 4회의 3실점이 모두 비자책점이었다. 류현진이 다음 타자에게도 좌전 안타를 내주자 한화는 결국 투수를 교체했다. 호투하고도 늘 수비 도움을 받지 못했던, '과거의 류현진'이 오버랩됐다.

그러나 류현진은 4회가 끝나고 야수들이 더그아웃에 돌아오자마자 문현빈을 불러세웠다. "내가 (다음 타자들을) 막았어야 했는데, 그러지 못해서 미안하다. 절대 네 잘못 아니니까 고개 들고 해." 그는 프로에서 날개를 펴야 할 2년 차 젊은 후배가 행여 미안한 마음에 주눅이라도 들까 염려했다. 많은 이가 주목하는 경기라는 걸 누구보다 잘 알았기에 더 그랬다. 자책하고 있었을 문현빈에게 그 한마디는 큰 위안이 됐다.

류현진은 복귀전에서 고전한 원인을 '야수 실책'이 아닌 자기 자신에게서 찾았다. 그는 "직구가 초반에는 괜찮았는데, 마지막에 가운데로 몰리면서 맞아나갔다. 변화구 제구도 아쉬웠다"며 "컨디션이 아무리 좋아도 역시 투수는 제구가 가장 중요하다는 걸 다시 느낀 계기였다. 예방주사를 한 번 맞았다고 생각하고 다음 경기를 잘 준비하겠다"고 했다.

문현빈

이튿날인 3월 24일, 또다시 LG전. 문현빈은 류현진의 말대로 했다. 고개를 들고 당당하게 그라운드에 나섰고, 1-1로 맞선 4회 초 무사 2루에서 결승타를 때려 한화의 시즌 첫 승리를 만들어냈다. 문현빈은 "류현진 선배님의 '미안하다'는 말씀 때문에 내가 더 죄송했다. 내 실책으로 경기 분위기가 (상대 쪽으로) 확 기운 것 같아 스스로 많이 분했다"며 "오늘은 오늘이고, 내일이 있

7연승을 완성한 황준서의 프로 데뷔전

으니 자신감을 되찾아야겠다고 생각했다. 좋은 결과를 낼 수 있어 정말 다행이다"라고 비로소 웃었다

첫 승을 기점으로 한화는 파죽지세로 달려 나갔다. 그날부터 내리 6경기를 이겨 3월 30일 1위에 등극했다. 한화가 시즌 도중 1위에 오른 건 2014년 3월 30일 이후 정확히 10년 만의 '사건'이었다. 심지어 개막 후 7경기 이상 치른 시점의 1위는 2009년 4월 14일 이후 15년 만에 처음이었다.

그래도 한화는 멈추지 않았다. 이튿날인 3월 31일에도 14-3으로 크게 이겨 1패 후 7연승을 달렸다. 한화가 개막 8경기에서 7승을 거둔 건 전신 빙그레 시절이던 1992년 이후 무려 32년 만. 두 번의 3연전을 연속 싹쓸이한 것도 2006년 5월 12~18일 이후 18년 만의 성과였다. 거의 매 시즌 초반 순위 싸움에서 밀리면서 어려움을 겪던 한화가 그해 시작부터 순위 레이스를 주도하자 팬들도 뜨거운 열정으로 화답했다. 3월 29~31일 연속 만원 관중이 대전을 찾아 1986년 창단 후 최초로 홈 개막 3연전 전체 매진을 달성했다. 한화의 승리는 곧 대전의 축제였다.

특히 7연승을 완성하던 경기는 상징적이었다. 그날 선발투수는 한화의 '슈퍼 루키' 황준서였다. 황준서는 2024년 신인 드래프트에서 한화가 전체 1순위로 선택한 왼손 유망주다. 원래 개막 선발 로테이션에는 포함되지 못했는데, 김민우가 가벼운 등 통증으로 로테이션을 거르면서 예상보다 빨리 프로 데뷔전을 치르게 됐다.

등판 하루 전, 터질 듯한 긴장감을 애써 다스리고 있던 황준서에게 2년 선배 문동주가 다가왔다. "준서야, 나는 데뷔전에서 $\frac{2}{3}$이닝밖에 못 던졌어. 너는 1이닝만 버텨도 나보다 훨씬 나은 거야. 긴장할 필요 없다." 실제로 그랬다. 문동주는 입단 첫 시즌인 2022년 5월 10일 잠실 LG전에서 팀이 1–5로 뒤진 8회 말 처음 프로 1군 마운드를 밟았지만, 아웃카운트 2개를 잡는 동안 안타 4개와 볼넷 1개를 내주고 4실점했다. 피안타 4개 중 3개가 2루타 이상의 장타. 정신을 차리기도 전에 데뷔전이 끝났다. 그 충

2024년 출정식에서 최원호 감독과 박찬혁 대표

첫 승 물 세례를 받는 황준서

관중 환호에 화답하는 황준서

격을 무사히 극복한 문동주가 이제 혹독했던 자신의 '신고식'을 예로 들며 후배를 격려할 만큼 성장했다. 황준서는 "동주 형 얘기를 듣고 마음이 많이 편해진 채로 등판할 수 있었다"고 귀띔했다.

실제로 황준서는 만원 관중 앞에서 주눅 들기는커녕 더 씩씩하게 공을 던졌다. 실점 위기에서도 흔들리지 않고 상대 타자들과 정면 승부를 했다. "웬만한 팀 선배 투수들보다 배짱이 좋다"던 최 감독의 평가 그대로였다. 5이닝 3피안타 5탈삼진 1실점. 황준서는 그날 KBO리그 역대 10번째로 고졸 신인 데뷔전 승리 기록을 남겼다. 한화 소속 선수로는 2006년의 류현진 이후 18년 만이었다. 황준서는 "같은 팀에서 뛰게 된 류현진 선배님께 많이 배워서 한화의 왼손 에이스 계보를 잇는 선수가 될 수 있도록 노력하겠다"며 활짝 웃었다. 이보다 더 좋을 수는 없는 분위기. 2024년 한화의 3월은 그저 행복하기만 했다.

6

또 다른 감독이 5월에 떠나고

'리빌딩 이즈 오버(Rebuilding is over).' 한화가 2024시즌 출정식에서 이런 문구를 전광판에 띄우자 야구장을 찾은 팬 4,500명은 일제히 환호와 박수를 쏟아냈다. 당초 구상보다 1년 빠른 '윈나우' 전환 선언. 그럴 만도 했다.

한화는 2022년 말 FA 채은성과 이태양(4년 총액 25억 원)을 데려왔고, 2023년 말 외부 FA 안치홍과 최대 6년 총액 72억 원에 사인해 내야를 보강했다. 2023년 신인왕 문동주는 풀타임 2년 차를 맞아 더 성장할 거라 여겼고, 2023년 홈런왕 노시환도 중심타자로 굳건히 자리를 지켜줄 거라고 기대했다. 돈도 쓸 만큼 썼고, 투타 간판 스타도 키웠는데, 류현진까지 복귀한 시즌. 한화는 이제 "성적을 내겠다"고 팬들 앞에서 다짐했다.

기대가 크면 실망도 크다. 만고불변의 진리다. 한화의 2024시즌은 또 그랬다. 1패 후 7연승, 잠깐의 1위. 그러나 부상 선수가 줄줄이 나오면서 다시 내리막길을 탔다. 류현진은 ABS에 적응하느라 시행착오를 겪었고,

베테랑 외부 FA들의 성적은 기대에 못 미쳤다. 문동주는 성장통에 시달렸고, 노시환의 기세는 직전 시즌만 못했다. 희망으로 가득 부풀어 올랐던 풍선에서 조금씩 바람이 빠져나갔다.

4월 말, 여론이 급격히 악화했다. 한화가 4월 한 달을 6승 11패로 마쳤기 때문이다. 감독 교체설이 수면 위로 올라왔다. 한화 그룹과 구단은 상황을 예의 주시했다. 위태롭게 하위권을 맴돌던 한화는 5월 23일, 개막 후 처음으로 최하위를 찍었다. 단 하루였지만, 결단의 트리거가 됐다. 5월 26일로 예정됐던 인천 SSG전이 비로 취소된 뒤, 한화는 최원호 감독에게 결별을 통보했다. 한화가 21승 1무 29패, 승률 0.420으로 8위에 올라 있던 시점이었다. 한화는 다음 날 아침 보도자료를 통해 이 사실을 공식 발표했다. 구단은 “최 감독이 사의를 밝혔다”고 했지만, 자진 사퇴 형식을 빌린 실질적 경질이었다.

2023년 5월 11일 한화와 3년 계약했던 최 감독은 계약 기간을 절반도 채우지 못하고 1년 만에 지휘봉을 내려놓게 됐다. 김성근(2017년 5월)→한용덕(2020년 6월)→수베로(2023년 5월)에 이어 네 번째 감독이 연속으로 임기를 끝내지 못한 채 여름이 오기도 전에 팀을 떠났다. 2020년 2군 감독으로 부임하면서 시작됐던 최 감독과 한화의 인연도 그렇게 끝났다.

한화는 또다시 ‘사령탑 없는’ 5월 말을 맞았다. 수베로 때처럼, 하필 팀 분위기가 바닥을 쳤다가 조금씩 반등하던 시점에 감독 퇴진이 발표돼 혼란도 겪었다. 최 감독은 사퇴 발표 이튿날 대전을 찾아 선수단과 마지막 인사를 나눴다. “시즌을 치르다 보면, 좋을 때도 있고 안 좋을 때도 있습니다. 좋을 때 자만할 필요도 없고, 안 좋을 때 포기할 필요도 없습니다. 어느 감독과 함께하든, 우리가 스프링캠프부터 목표로 했던 포스트시즌에 꼭 올라갈 수 있도록 밖에서 열심히 응원하겠습니다.” 최 감독은 선수단

2024시즌 출정식

전원과 눈을 마주치며 악수한 뒤 담담한 표정으로 야구장을 빠져나갔다.

남은 사람들은 착잡해했다. 최 감독 대신 감독대행을 맡은 정경배 수석 코치가 가장 그랬다. 최 감독과 정 코치는 인천고 동기동창이다. 2023년 SSG에 몸담았던 정 코치는 2024시즌 전 "곁에서 도와달라"는 최 감독의 요청에 흔쾌히 팀을 옮겼다. 그러나 단 51경기만 함께한 채 오랜 친구의 쓸쓸한 퇴장을 지켜보게 됐다. 정 코치는 "최 감독님과 40년 친구인데, 소식을 듣고 많이 울었다. 내가 더 잘했어야 했는데, '힘이 되지 못해 죄송하다'는 것밖에 드릴 말씀이 없다"며 울먹였다.

주장 채은성도 안타까운 마음을 감추지 못했다. 그는 "최근 팀 분위기가 조금씩 달라지는 상황이었는데 이렇게 돼 아쉽다. 우리가 어찌할 수 없는 영역인 것 같다"며 "결국 선수들이 못해서 이런 결과가 나왔으니, 할 말이 없다. 지금 우리가 할 일은 경기를 열심히 준비하고 이기기 위해 더 노력하는 것"이라며 고개를 숙였다. 채은성은 그날 선수단 미팅을 소집해 "잠시만 슬퍼하고, 우린 최선을 다해 승리하자"고 당부했고, "아직 포기할 단계는 아니다. 남은 경기가 더 많다"고 강조했다.

최 감독의 퇴진과 동시에 프런트에도 큰 변화가 생겼다. 박찬혁 대표가 자진 사퇴를 결심했다. "프런트도 현장과 함께 책임을 통감해야 한다"는 의미에서다. 3년 6개월 동안 정민철·손혁 두 단장과 함께 한화의 재건을 진두지휘한 박 대표는 그 인고의 결실을 눈앞에 두고도 스스로 물러나는 길을 택했다.

박 대표는 자신의 소셜미디어(SNS)에 구단을 향한 애정을 표현하면서 "독창적 비즈니스를 통해 지속적으로 전력을 보강하고 팬덤을 키워나가는 선순환 구조가 새로운 지평을 열 것"이라고 기원했다. 한화 PR팀 설명에 따르면, 박 대표가 언급한 '선순환 구조'는 '구단이 열심히 돈을 번다→그렇게 번 돈을 전력 강화에 투자한다→강해진 전력으로 성적을 내 팬덤을 더욱 다진다→그 팬덤을 기반으로 구단이 다시 열심히 돈을 번다'의 무한 루프로 스노우볼 효과를 노리는 운영 철학이다. 실제로 한화는 박 대표

류현진의 100승을 축하하는 최원호 감독

체제에서 쌓은 마케팅 노하우로 폭발적인 매출을 올려 '다른 팀이 벤치마킹하는 구단'으로 발돋움했다. 남들의 발자취를 좇기 바빴던 과거에는 상상할 수 없었던 일이다.

이제 진짜 '야구만 잘하면 되는' 팀이 됐는데, 그게 참 쉽지 않았다. 결국 또다시 누군가 '성적'의 벽에 부딪혀 책임을 지고 떠나야 하는 현실에 부딪히고 말았다. 사장과 감독의 동반 퇴진을 지켜만 볼 수 없었던 손 단장도 함께 사퇴 의사를 밝혔지만, 박 대표가 그것만은 강하게 만류했다. "내가 남고 당신이 떠나면, 지금 현장의 혼란은 수습 불가능하다. 내가 떠나고 당신이 남아야, 이 상황을 어떻게든 잘 추스를 수 있다. 반드시 팀에 남아서 남은 일들을 잘 해결해달라." 손 단장은 그렇게 한화에 남았다. 모두 함께 쌓아올린 공든 탑을 무너뜨리지 않기 위해.

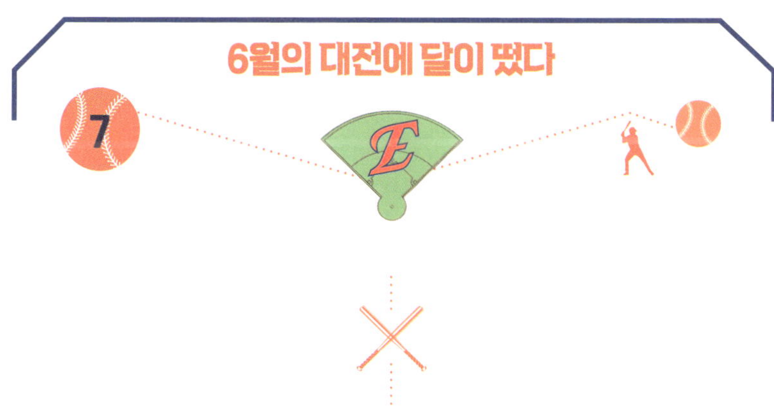

7 6월의 대전에 달이 떴다

팀 레전드 출신 감독→외국인 감독→초보 감독. 6년에 걸친 세 번의 시도가 모두 '중도 퇴진'으로 끝나자 한화는 다시 구단이 아닌 그룹 주도로

선수단과 상견례하는 김경문 감독

새 사령탑을 찾기 시작했다. 감독 자리가 공석이 된 지 얼마 지나지 않아 "한화 차기 감독으로 내정됐다"는 한 인사의 이름이 언론에 오르내리기 시작했다.

김경문. 15년간 두산(2004년~2011년 6월)과 NC(2011년 8월~2018년 6월)에 몸담으면서 통산 1,700경기를 지휘하고 896승을 올린 베테랑 사령탑. 2008년 베이징 올림픽 대표팀 감독을 맡아 한국의 전승 금메달을 지휘한 상징적 지도자. 긍정도, 부정도 하지 않던 한화는 6월 2일 대구 삼성전이 끝난 뒤 "김경문 전 국가대표 감독과 3년 총액 20억 원에 계약했다"고 공식 발표했다. KBO리그에 커다란 족적을 남긴 또 한 명의 백전노장이 다시 한화 지휘봉을 잡고 현장으로 복귀했다.

김경문 감독 선임 전까지 KBO리그 최고령 사령탑은 1966년생인 이강철 KT 감독이었다. '소장파'인 박진만 삼성 감독은 1976년생, 최연소인 이범호 감독은 1981년생이었으니 1958년생인 김 감독과는 나이 차가 꽤 컸다. KBO리그 감독 출신인 한 야구 관계자는 당시 "최근 야구계는

김경문 감독 취임식에 참석한 류현진과 채은성

김경문 감독과 류현진의 만남

40~50대 감독이 주류를 이루고, 이범호 감독처럼 1980년대생 감독까지 탄생하는 추세였다"며 "60대 이상 지도자들이 서서히 현장에서 물러나던 상황에서 김 감독이 '부활'을 알린 셈"이라고 짚었다. 이 관계자는 또 "갑작스럽게 현장에 '베테랑'이 들어오는 것에 부정적인 시선을 보내는 젊은 야구팬도 있을 것이다. 그러나 현장 리더십의 다양성 측면에서 앞으로 더욱 흥미진진한 경기가 많아질 수도 있다"며 "올해 한화가 좋은 성적으로 시즌을 마친다면, 재야에 있는 베테랑 감독들의 재평가도 이뤄질 수 있다"고 내다봤다.

김경문 감독은 최원호 감독 교체설이 처음 불거졌을 때부터 꾸준히 차기 감독 1순위 후보로 거론됐다. 이때 일부에선 김경문 감독의 현장 공백을 두고 우려의 목소리를 냈다. 김 감독은 2019년 선동열 전 감독에 이어 제2대 국가대표 전임 감독으로 부임했지만, 2021년 도쿄 올림픽에서 4위에 머문 뒤 자리에서 물러났다. 한화 감독으로 부임하면서 현장으로는 3년 만, KBO리그 더그아웃엔 6년 만에 복귀하게 된 것이다.

이강철 감독과 인사를 나누는 김경문 감독

익명을 요구한 다른 구단 고위 관계자는 "김경문 감독에게도 '한화 감독'은 무거운 자리다. 한화 새 감독을 향한 그룹의 주문은 단 하나, 무조건 '가을야구'일 것"이라며 "그게 아니라면 굳이 시즌 도중에 김 감독 정도의 베테랑 지도자를 데려올 이유가 없다"고 해석했다. 이 관계자는 또 "모기업 주도로 선택한 감독인 만큼 팬들과 그룹 모두 더 냉철한 시선으로 지켜볼 것이다. 이제 오직 '성적'만으로 평가가 이뤄질 테니, 김 감독도 어쩌면 시험대에 오르는 기분이실 수 있다"라고 덧붙였다.

김 감독의 취임식은 발표 다음 날 열렸다. 새 사장으로 부임한 박종태 대표이사가 등번호 74번이 새겨진 오렌지색 유니폼 상의를 김 감독에게 직접 입혀주며 한화의 새출발을 함께 기념했다. "이 유니폼 어때요? 잘 어울리나요?" 취재진에게 되묻던 김 감독은 선수단 대표 류현진과 채은성이 축하 꽃다발을 건네자 껄껄 웃었다. "아이고, 내가 류현진이 주는 꽃다발을 다 받아보네." 오랜만의 더그아웃 복귀를 앞두고 만면에 밝은 웃음이 가득했다.

당시 한화는 24승 1무 33패로 8위였지만, 5위 SSG와의 게임 차는 4.5경기였다. 남은 87경기에서 충분히 추월을 노려볼 만한 거리였다. 김 감독은 "3년간 현장을 떠나 있으면서 많은 생각을 했다. 내가 잘했던 점보다 부족하고 아쉬웠던 부분이 더 많이 생각났다"며 "다시 야구장으로 돌아왔으니 그동안 반성했던 부분을 개선하면서 한화를 강팀으로 만들도록 최선을 다하겠다"고 다짐했다. 김 감독은 취임식 직후 라커룸을 방문해 수원 원정지 출발을 앞둔 선수단과도 한 명씩 인사했다. "야구는 한 사람이 잘해서 이길 수 있는 운동이 아니다. 지금은 특히 팀이 어려울 때이니, 다 같이 마음을 모아 한 경기씩 잘 풀어가자." 김 감독의 첫 당부와 함께 한화는 새로운 출발선에 섰다.

이튿날인 6월 4일, 수원 KT위즈파크. 6년 만의 복귀를 앞둔 김 감독은 야구장에 조금 일찍 나왔다. 천천히 그라운드를 걸어보며 남다른 감회에 젖었다. 그때 김 감독은 "나를 다시 현장으로 불러준 한화에 새삼 감사함

스퀴즈 번트를 성공하고 기뻐하는 문현빈

을 느꼈다. 꼭 보답해야겠다는 생각이 들었다"고 털어놨다. 이런저런 생각에 잠기는 고요함도 잠시. 곧 한화 더그아웃은 많은 취재진으로 북적이기 시작했다. 김 감독도 복귀 첫판부터 파격적인 라인업을 꺼내 들면서 곧바로 '승부사'의 면모를 드러냈다. 그동안 1루수나 지명타자로만 출전하던 FA 내야수 안치홍을 과거 주 포지션이었던 2루수로 배치한 게 대표적이다. "수원에 도착해서 베테랑 선수들과 저녁 식사를 했는데, 안치홍이 먼저 '2루 수비를 준비해야 하느냐'고 묻더군요. '당연하다'고 대답했죠. 안치홍은 아직 충분히 2루를 커버할 수 있습니다."

그렇게 김 감독 체제로 첫 경기를 시작한 한화는 이날 8-2로 완승해 3연패를 끊었다. 김 감독에게는 NC 시절이던 2018년 5월 31일 이후 2,196일 만의 승리였다. 최재훈·이도윤·장진혁이 2타점씩 올리며 활약했고, 노시환도 2안타로 힘을 보탰다. 4회부터 마운드에 오른 두 번째 투수 장민재는 2이닝을 2피안타 무실점으로 막고 시즌 첫 승을 신고했다. 김 감독은 "현장에 복귀한 것도 대단한 일인데, 또다시 승리하게 되니까 마음속으로 무척 기쁘다"며 "앞으로도 그동안 기회를 기다려온 선수들을 차근차근 기용하면서 남은 한 경기, 한 경기를 잘 치르도록 하겠다"고 다짐했다.

그로부터 열흘 뒤인 6월 12일 잠실 두산전에선 베테랑 감독의 존재감을 보여주는 상징적 장면도 나왔다. 선발 류현진이 6이닝 2실점(비자책점)으로 호투했지만, 한화가 7회 말 실책으로 허무하게 3-3 동점을 허용한 뒤였다. 한화는 9회 초 1사 1·3루 마지막 기회를 잡자 대타 문현빈을 기용했다. 당시 문현빈의 시즌 대타 성적은 9타수 4안타. 적중률이 무척 높았다. 그는 초구와 2구에 정상 타격으로 대응했다. 볼카운트는 1볼-1스트라이크.

그런데 3구째, 문현빈이 갑자기 번트를 댔다. 투수 오른쪽으로 굴러가는 완벽한 스퀴즈 번트였다. 허를 찔린 두산 배터리와 내야진은 타구에 제대로 대처하지 못했고, 3루에 있던 대주자 하주석은 헤드 퍼스트 슬라이딩으로 홈까지 파고들었다. 극적인 결승 득점. 3루 쪽 한화팬들이 기분 좋은 충격으로 뒤집어졌다.

완벽한 작전 수행으로 승리의 주역이 된 문현빈은 땀을 뻘뻘 흘리며 싱글벙글 웃었다. "스퀴즈 사인이 나오길래 '정말인가' 싶어 사인을 다시 확인했어요. 정말 긴장이 많이 됐는데, 딱 배트에 맞는 순간 '됐다' 싶더라고요." 김 감독은 "이기든 지든 9회에 끝내야 한다고 생각해 작전을 냈다"고 했다. 한화가 번트로 타점을 올린 건 2022년 8월 이후 22개월 만에 처음이었다.

'대전 예수'와 '푸른 한화'

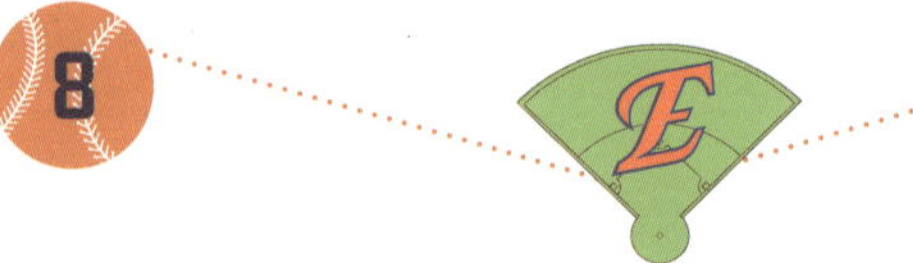

"야구하는 사람들이 그래요. 세계 어딜 가든 야구장이 눈에 보이면, 일단 그냥 들어가 보는 거야. 그때도 그랬다고 하더라고. 귀국을 하루 앞두고 그냥 '구경이나 해볼까' 하고 들어갔는데, 거기서 그 친구가 던지고 있었던 거예요."

계약서에 서명하는 와이스

운명적이었다. '대전 예수' 라이언 와이스와 한화의 만남. 2024년 5월, 다른 선수를 보러 미국에 갔던 한화 스카우트팀이 뜻밖의 보석을 캐낸 이야기다.

원래 외국인 선수를 뽑을 때

와이스와 문동주

는 종종 비슷한 일이 벌어지곤 한다. 손 단장은 이렇게 설명했다. "미국에 선수를 보러 가면 여러 상황이 생겨요. 선수 한 명을 찍어서 보러 갈 때도 있고, A를 보러 갔는데 우리 리스트에 없었던 상대 팀 투수 B가 괜찮아서 그 친구로 넘어가기도 하고, 또 B를 따라다니다 보니 C라는 투수가 등장해서 다시 그쪽을 팔로우(follow)하기도 하고. 그래서 스카우트 일이 바쁘고 힘든 거예요."

그렇다 해도 그날 와이스를 발견한 건, 정말 남다른 인연이었다. 물론 그 당시엔 이렇게까지 큰 '행운'일 줄은 몰랐지만. 손 단장의 증언은 계속됐다. "다음 날 귀국해야 하는데 비가 와서, 다들 '내일 아침 일찍 출발이니 그만 가자' 하고 나오던 길이었대요. 그때 마침 정민혁 스카우트 팀장도 미국에 갔거든요. 원래 아마야구 스카우트가 주 업무인데, '새로운 선수들도 보고 리프레시도 하라'는 의미로 경험 삼아 같이 보낸 거예요. 그런데 그 옆에서 독립리그 경기를 하고 있으니, 마지막으로 한 번 쓱 훑어보고 가려다가 와이스를 본 겁니다."

아무리 한눈에 좋아 보여도, 독립리그에서 던지는 투수에게 외국인 선수 카드 한 장을 쓰기는 쉽지 않다. 하지만 기존 선수가 부상으로 빠졌을 때 6주간 고용하는 '단기 대체 외국인 선수' 후보로는 딱 적합하다고 여겼다. "저 친구 정도면 괜찮아 보이는데요?" "그래? 그럼 한두 경기 더 팔로우 해볼까?" 그렇게 와이스가 한화의 레이더에 들어왔다.

와이스는 우여곡절을 많이 겪었다. 2018년 신인 드래프트 4라운드에서 애리조나 다이아몬드백스의 지명을 받았지만, 빅리그 마운드는 밟지 못하고 방출됐다. 2023년 8월엔 대만 프로야구에 진출했다가 다시 5경기 만에 부상으로 퇴출 통보를 받았다. 2024년 미국으로 돌아와 독립리그 선발 투수로 뛰면서, 서른도 안 된 나이에 은퇴 고민을 시작하던 참. "이번 시즌이 끝이다" 하는 마음으로 야구를 하고 있었다.

한화는 리카르도 산체스가 팔꿈치 통증을 호소하자 곧바로 와이스를 떠올렸다. 한화의 제안을 받은 와이스는 "1초도 망설이지 않았다"고 했다. "KBO리그에서 뛰어보고 싶었습니다!" 그는 6월 17일 한화와 6주 계약을

한화에 처음 합류한 와이스

옛 대전구장 최종전에서 열린 정우람 은퇴식

하고 곧바로 한국행 비행기에 올랐다. 그리고 그 계약이 끝나던 7월 28일, 한화는 산체스를 웨이버 공시하고 와이스를 정식 선수로 전환한다고 발표했다. '단기 아르바이트'로 KBO리그에 온 외국인 선수가 정식 계약에 성공한 건, 와이스가 역대 첫 사례였다.

와이스가 공식적으로 한화의 식구가 되던 그날은, 선수단이 새 유니폼을 처음 입는 날이기도 했다. 그 유니폼의 명칭은 '서머 블루 원정 유니폼'. 시원한 느낌을 주는 파란색이었고, 여름의 무더위에 맞서기 위해 좀 더 가볍고 공기가 잘 통하는 소재로 제작됐다. 7월 28일 잠실 LG전부터 착용하기 시작했는데, 선수들에게도 좋은 반응을 얻었다. 그런데 어느 순간 이 유니폼이 단순히 '무더위 극복' 그 이상의 효과를 내기 시작했다. 블루 유니폼을 입은 첫 7경기에서 7연승. 앞서고 있으면 리드를 지켜냈고, 경기 중반까지 끌려가다가도 막판에 승부를 뒤집었다. 어느덧 팀 안팎에서 "푸른 유니폼 매직"이라는 소리가 나오기 시작했다.

한화를 상징하는 색은 오렌지색이다. 홈과 원정 유니폼에 모두 오렌지색이 들어가고, 구단 상품도 대부분 오렌지색으로 제작된다. 그러나 그해 여름 한화 더그아웃에는 푸른 물결이 일었다. 파란 유니폼을 입은 한화 선수들이 연일 승리의 환호를 내질렀다. 결국 한화는 원정이 아닌 홈에서도 푸른 유니폼을 입기 시작했다. 8월 2~3일 KIA와의 대전 홈 경기에 이어 20~22일 NC와의 청주 홈 경기에서도 다시 서머 유니폼을 선택했다. 김경문 감독은 "역시 승률이 높으니 구단에서 밀어붙이는 것 같다. 스포츠에서는 은근히 그런 징크스가 중요하다"고 기분 좋게 웃었다.

한화의 늦여름은 꽤 오랜 기간 암울했다. 포스트시즌 티켓은 늘 손에 잡히지 않는 곳에 있었고, 다른 팀들의 순위 경쟁에 영향을 미치는 '고춧가루 부대' 역할만 했다. 그런데 2024년은 달랐다. 7월 28일부터 8월 20일까지, 푸른 유니폼을 입고 뛴 13경기 성적이 무려 11승 2패. 그 사이 포스트시즌 진출 마지노선인 5위와의 격차도 1.5경기까지 좁혀졌다. 한두 달 전까지만 해도 최하위 추락을 걱정했던 한화가 푸른 날개를 달고 날아올랐다. 한화 관계자들은 "이러다 9월에도 서머 유니폼을 입어야 하는 건 아닌지 모르겠다"며 기분 좋은 농담을 주고받곤 했다.

아쉽게도 그 열기는, 짧아서 더 찬란했던 '한여름밤의 꿈'으로 끝났다. 날이 선선해지면서 한화의 열기는 한풀 꺾였고, 상승 동력마저 잃으면서 가을야구와 다시 멀어졌다. 그리고 2024년 9월 29일, '한화이글스'는 39년 세월을 함께한 대전 한밭종합운동장 야구장과 작별을 고했다. 한화의 마지막 포스트시즌 승리투수였던 정우람이 21년 프로 생활에 마침표를 찍던 날, 이글스의 오랜 둥지도 눈물 속에 문을 닫았다.

푸른 유니폼을 입은 노시환

위풍당당 '류문폰'의 승리 루틴

라커룸 문이 열리고 덩치 큰 '거인' 세 명이 차례로 모습을 드러낸다. 류현진, 코디 폰세 그리고 문동주. 그들 앞엔 왼쪽과 오른쪽, 두 방향의 길이 열려 있다. 세 남자는 잠시 발걸음을 멈추고 고민에 빠진다. 선두에 선 류현진이 검지로 좌우를 한 차례씩 가리키며 고개를 갸웃하자 폰세가 뒤에서 묻는다. "우리 어제 어느 쪽으로 갔지?" 2025년 8월 7일 대전 KT전. 한화 마운드의 세 기둥이 '승리 루틴'을 이어가기 위해 고심하는 장면이다.

'멘털 게임'으로 유명한 야구에서 징크스는 유구한 전통을 자랑한다. 말하자면, 승리를 위해 선수들이 붙잡는 '마음의 지푸라기'다. 대부분 일정한 루틴을 기본으로 하는데, "이긴 날과 똑같은 시간에 똑같은 행동을 꼭 해야 심신이 편하다"는 선수들이 많다. 반대로 그중 하나라도 빼먹으면 경기가 끝날 때까지 마음이 불안해지곤 한다.

한화는 폰세가 선발 등판한 8월 6일 경기에서 5-4로 이겼다. 라이언 와이스가 나서는 이날 경기에서도 그 기운을 이어가고 싶었다. 그러려면 전날 경기 전의 행동 루틴을 '복사'해야 했고, 라커룸에서 더그아웃으로 향하는 방향도 이들에게는 중요한 포인트였다. 그래서 셋은 잠시 문 앞에 멈춰선 것이다.

폰세는 오랜 다저스 팬이다. 류현진이 다저스 선발진의 주축으로 활약하던 시절, 팬의 한 사람으로 그를 지켜보며 흠모했다. 한국에 온 뒤에도 매일 밤 미국 온라인 오픈마켓에서 류현진의 토론토 유니폼을 검색하며 시간을 보냈다. 그 소식을 들은 한 팬이 직접 토론토 홈 유니폼을 구해 선물하자, 폰세는 더그아웃에서 류현진의 사인을 받으며 소년처럼 기뻐했다. 키가 198㎝에 달하는 KBO리그 최장신 선수 폰세가 류현진 앞에서는 행동도, 말투도 어린아이처럼 변하곤 했다.

폰세와 와이스의 통역을 맡은 김지환 씨는 "둘에게 류현진은 그저 '우상'이다. 뭐든 류현진 선수가 하자는 대로 한다"며 "심지어 야구장에 나왔을 때 (여러 종류의 유니폼 중) 어떤 옷을 입어야 할지 헷갈리면, 다들 류현진 선수만 바라보다 그가 입는 걸 따라 입는다"고 귀띔했다. 이날도 그랬다. 기억을 찾은 류현진이 "이쪽"이라고 대답하면서 오른쪽으로 향하자 폰세는 눈을 반짝거리며 그쪽으로 방향을 틀었다.

곁에 있던 문동주도 마찬가지다. 익숙한 듯 조용히 두 형의 뒤를 따랐다. 문동주는 KBO리그에서 가장 빠른 공을 던지는 투수지만, 류현진 앞에서는 폰세처럼 '막내미'를 뽐낸다. 류현진이 복귀한 뒤 "선배님을 하루하루 열심히 따라다니면서 조금의 노하우라도 더 배울 생각이다. 귀찮아서 '저리 가라'고 하실 때까지 따라다닐 거다. 오늘도 열심히 따라다녔고, 내일도 열심히 따라다니겠다"고 선언하기도 했다. 그는 2년간 그 다짐을 누구보다 성실하게 실행으로 옮겼다.

류현진이 앞장서고 폰세와 문동주가 그 곁을 지키는 모습이 마치 어린 시절 어깨를 한껏 펴고 동네 골목대장을 따르는 개구쟁이들처럼 보였다. '대장형'과 함께라면 무서울 게 없는, 위풍당당 이글스 원정대. 키 188㎝에 '한 덩치' 하는 문동주가 폰세와 류현진 사이에선 상대적으로 왜소해 보이는 것도 재미있는 포인트다.

류현진과 폰세와 문동주는 그렇게 또 한 명의 '선발즈' 멤버 와이스가 등판을 준비하고 있는 그라운드를 향해 나아갔다. 왼쪽으로 나가는 길이 더그아웃에 더 가깝지만, 이들은 승리 동선을 지키기 위해 조금 돌아가는 쪽을 택했다. 다만 한화는 이날 4-5로 져 연승을 이어가진 못했다. 아마도 류현진은 다음 홈 경기에서 "오늘은 왼쪽!"을 외쳤을 듯하다.

TAKE FANS TO HEART

4부

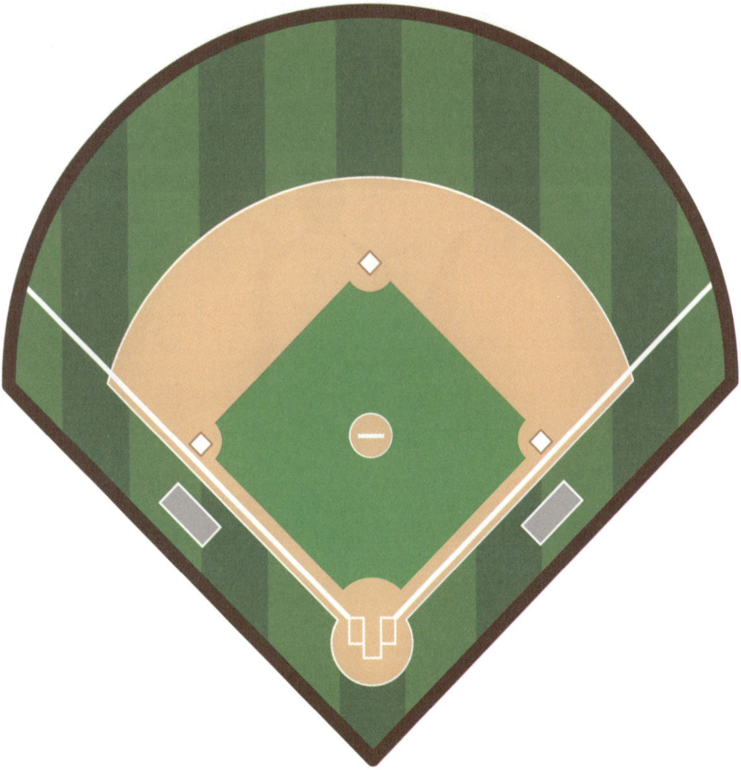

2025년, 그 폭풍의 서막

정말 입수하게 될 줄은 몰랐지

2024년 12월 11일. 30대 중반을 넘어선 한화 투수 류현진·장시환·장민재·이태양, 포수 이재원·최재훈, 내야수 채은성·안치홍이 대부도 인근 바다로 향했다. 이날 오전 전국 기온은 최저 영하 1도까지 떨어졌다.

2024년 미디어데이의 채은성

2024년 미디어데이의 김서현과 채은성

바닷가는 강한 바람까지 불어 도심보다 체감온도가 더 낮았다.

롱 패딩과 장갑으로 '중무장'한 채 집에서 나왔지만, 이제는 외투를 벗어야 할 시간. 쭈뼛쭈뼛 두툼한 겉옷을 몸에서 떼어내니 다들 얇은 상·하의 한 벌씩만 걸친 차림새가 됐다. 나이를 먹을 만큼 먹은 장정 8명은 누가 먼저랄 것도 없이 일제히 바다를 향해 달려갔다. 그리고 그대로 물속으로 뛰어들어 얼음장 같은 바닷물에 몸을 담갔다. 여기저기서 "으악!" 하는 비명이 들렸고, 잠시 후엔 헛웃음까지 터져 나왔다. 눈물 없이는 볼 수 없는 한화 고참들의 '입수' 세리머니. 누가 보면 유명 예능 프로그램에 나갔다가 벌칙이라도 받는 건가 싶었겠지만, 실상은 그렇지 않았다.

모든 건 개막 전 야심 차게 선언했던 '가을야구 실패 공약'으로부터 시작됐다. 주장 채은성은 그해 3월 KBO 개막 미디어데이에서 "우리 팀의 올해 목표는 4위다. (포스트시즌 진출 마지노선인) 5위 안에 들지 못하면, 고

2025년 미디어데이의 김서현, 김경문 감독, 채은성

참 선수들이 12월 태안 앞바다에 입수하기로 했다"고 말했다. 당시 선수단 내부에서 이 아이디어를 낸 주인공은 다름 아닌 류현진. 그는 선수단 대표로 미디어데이에 참가하게 된 채은성에게 이렇게 제안했다. "왜 공약은 성공했을 때만 걸어야 해? 우리 팀은 아예 5강 실패 시 공약을 한번 내보자." 포스트시즌 진출을 '해야 하는 것'이 아니라 '못 하면 안 되는 것'으로 설정해보자는 얘기였다. 미묘한 뉘앙스 차이지만 분명히 다른 의지. 그만큼 한화에게 가을야구는 간절하고 절실한 목표였다.

그러나 한화는 그 목표를 이루지 못했다. 시즌 초반 반짝 돌풍을 일으키다 5월 이후 다시 하위권으로 처졌다. 6월에는 사장과 감독이 모두 바뀌는 격변을 겪었고, 후반기에도 뒷심 부족으로 끝내 5강 경쟁권에서 이탈했다. 그런데도 팬들의 성원은 사그라지지 않았다. 대전 홈 경기에서 47차례 매진을 달성해 KBO리그 역대 최다 기록을 새로 썼고, 창단 이후 최초로 홈 80만 관중을 돌파했다.

결국 한화의 베테랑 선수들은 팬들에게 미안한 마음을 온몸으로 표현하기로 결심했다. 류현진의 주도 아래 일정을 맞춰 가장 모이기 좋은 바닷가를 물색했고, 몸을 사리지 않고 기꺼이 한겨울의 바닷물 속으로 걸어 들어갔다. 류현진은 입수 직후 인스타그램 스토리에 이 순간을 찍은 동영상을 올렸다. "팬 여러분과의 약속을 지키러 겨울 바다에 다녀왔습니다. 내년에 제대로, 더 잘하겠습니다." 채은성도 나중에 그때의 마음가짐을 털어놨다. "공개적인 자리에서 그렇게 선언해놓고 그냥 지나가면, 다 거짓말을 한 게 되잖아요. 우리가 다짐한 목표를 이루지 못했으니, 공약은 실행하는 게 맞다고 생각했어요. 팬들과의 약속을 지키지 못해 벌칙을 받은 셈이죠. 입수를 계기로 '앞으로 더 하나가 돼 이겨나가자'고 다짐했습니다."

류현진 인스타그램 스토리

함께라서 용기를 냈고, 함께라서 조금은 덜 추웠던 12월의 겨울 바다 입수. 임무를 마친 8명의 베테랑은 수건으로 대충 물기를 닦고 황급히 다시 외투를 걸쳐 입었다. 그리고 인근 식당에서 따뜻한 바지락 칼국수를 한 그

릇씩 나눠 먹고 각자 조용히 집으로 돌아갔다. 류현진은 그 후 "시즌 초반 '뭔가 보여주고 싶다'는 의욕이 너무 커서 오히려 잘 안 풀린 것 같다. 내가 더 잘했어야 했다"며 "다음 시즌엔 야구장에서 더 좋은 모습을 보여드릴 수 있도록 동료 선수들과 함께 열심히 준비하겠다"고 다짐했다.

그렇게 차디찼던 겨울이 지나고, 다시 찾아온 2025년 3월. 또 한 번의 개막이 눈앞으로 다가왔다. 주장 채은성이 다시 미디어데이에 나가 팬들과 또 다른 약속을 해야 할 시기였다. 이번엔 누구도 쉽사리 아이디어를 내지 못했다. 당장 '입수' 공약의 발화자였던 류현진부터 "야, 우리 말조심 좀 해야겠다"고 몸을 사렸다. 고참 선수들이 모인 모바일 메신저 단체 대화방도 평소와 달리 조용하기만 했다.

그래도 다 같이 합의한 전제조건은 하나 있었다. "못하는 걸로 약속을 하니 진짜 못하게 되는 거 같다. 올해는 잘하는 데만 공약을 걸자." 어깨가 무거운 채은성의 뜻도 똑같았다. 스프링캠프에서 '올해는 어떤 공약을 생각하고 있느냐'고 물었더니, "부정적인 가정은 아예 하지 않겠다. 긍정적인 목표만 품고 한 시즌을 치르겠다. 기왕이면 팬들과 함께, 안전하게 해낼 수 있는 공약을 생각하고 있다"고 했다. 또 "나이 많은 사람들끼리 뜻을 모으니 기운이 안 좋다. 쌩쌩한 젊은 친구에게 마이크를 맡겨야 할 것 같다"며 웃었다.

실제로 2025시즌 개막 미디어데이에선 채은성과 함께 나간 3년 차 투수 김서현이 한화의 가을야구 공약을 발표했다. 놀랍게도 새 키워드 역시 '입수'. 어느덧 이 단어가 한화와 팬들 사이에 상징적인 단어로 자리 잡은 듯했다. 다만 이번 장소는 바다가 아니라 수영장이었다. 새로 문을 연 대전 한화생명볼파크 꼭대기층에는 국내 야구장 중 유일한 인피니티풀이 들어설 예정이었는데, 그 시설을 적극 활용하겠다는 의미였다. 김서현은

"포스트시즌에 가면 선배님들과 함께, 기분 좋은 마음으로 인피니티풀에 들어가겠다"고 선언했다. 안전하긴 한데, 어째 난이도는 많이 낮아진 듯한 약속이었다.

여기서 생긴 궁금증. 겨울 바다로 뛰어드는 한화 선수들의 모습을 정말 다시는 볼 수 없는 걸까. 잠시 침묵하던 채은성은 단 하나의 조건을 내걸었다. "우승 반지를 낄 수 있다면야, 바다에는 100번도 더 빠질 수 있죠. 저한테 반지라고는 결혼반지 하나밖에 없거든요." 가장 높은 곳에 오를 수 있다면, 그들은 뭐든 할 준비가 돼 있었다. 진짜다.

어떻게 폰세 같은 선수가 한화에?

2

2024년 6월, 외국인 투수 후보 리스트를 훑어보던 손혁 단장은 코디 폰세라는 이름의 1994년생 장신(키 198㎝) 선수를 추천받았다. 일본 프로야

대전 신구장을 처음 찾아 사진을 찍는 폰세

구 라쿠텐 골든이글스에서 뛰고 있는, 오른손 강속구 투수였다. "폰세가 내년에 FA로 풀릴지, 안 풀릴지 잘 모르겠네요. 만약 풀리면, 빨리 데려오는 게 좋을 것 같습니다."

손 단장은 영상으로 먼저 본 폰세가 무척 마음에 들었다. 그래도 직접 눈으로 확인해야 믿을 수 있겠다 싶어 얼마 뒤 일본행 비행기에 올랐다. 6월, 7월, 9월. 이렇게 총 세 번을 보러 갔다. 손 단장이 야구장을 찾은 날, 폰세는 유독 투구 내용이 좋았다. 매번 7이닝씩 던지면서 1실점, 2실점, 무실점으로 막았다. "내가 갈 때마다 잘 던지니까 일단 기분이 좋더라고요. 나랑 소위 '운때'가 잘 맞나, 이런 생각도 들고." 특히 마지막 경기가 마음에 들었다. 섭씨 40도에 육박하는 무더위 속에 손 단장의 몸은 녹아내리는데, 마운드 위의 폰세는 끄떡없었다. "그날 폰세가 110구를 던졌는데, 마지막 110번째 공이 시속 155㎞까지 나오는 거예요. 덥기도 덥지만, 습도도 엄청 높았는데, 지친 기색도 없고." 손 단장은 그때 확신했다. "좋다! 저 친구를 잡아보자!"

오키나와 연습경기에서의 폰세

단점이 안 보였던 건 아니다. 폰세의 이전 등판 기록을 보니 공 100개로 5이닝을 간신히 막는 경기도 종종 눈에 띄었다. 한화가 원하는 건 꾸준히 '6이닝 이상 2실점 이하'를 기대할 수 있는 에이스급 투수였다. 한

폰세와 와이스의 첫 만남

화 실무진은 그래도 그게 큰 고민거리는 아니라고 생각했다. "기록을 보니 폰세가 7~9번 타자한테 15~20구를 던지다 투구 수가 늘어나곤 하더라고요. 한국 하위 타선은 일본 타자들만큼 커트 능력이 좋은 편은 아니니까, 그 점을 고려하면 공 100개로 6이닝은 충분히 소화하겠다고 판단했죠." 폰세가 요미우리 자이언츠를 상대로 등판했던 날엔 당시 요미우리에서 지도자 연수 중이던 박석민 코치를 만나 의견을 구했다. 삼성과 NC에서 수많은 외국인 투수를 상대해 본 박 코치는 폰세 얘기가 나오자 "구위가 진짜 끝내준다. 한국에 가면, 타자들이 치기 쉽지 않을 것이다"라고 강하게 추천했다. 한화는 또 한 번 확신을 얻었다.

계약은 시즌 종료 후 성사됐다. 손 단장은 최홍성 전략팀장과 함께 폰세가 머물던 미국 인디애나폴리스로 날아갔다. 개인 훈련을 하다 말고 운동복 차림으로 나온 폰세는 "왜 날 선택했냐"라고 물었다. 손 단장은 폰세가

호주에서 첫 스프링캠프에 한창인 폰세

왜 한화에 적합한 투수인지, 왜 KBO리그에서 통할 수 있다고 판단했는지, 한국 생활에서 걱정할 만한 부분은 어떻게 보완하면 좋을지 상세하게 설명했다. 어린 시절부터 디저스의 열성팬이었다는 폰세에게 "우리 팀에 류현진 있다"고 적극 어필도 했다. 한 시간에 걸친 설득이 끝나고 마침내 폰세가 고개를 끄덕였다. "오케이."

그 순간 아내 엠마가 제동을 걸었다. "여보, 우리 지금 너무 서두르는 거 아닐까? 조금만 더 생각해보자." 소문난 애처가인 폰세가 다시 멈칫했다. 부부는 한화 사람들을 남겨둔 채 잠시 자리를 떴고, 3시간처럼 느껴지는 30분이 흘러갔다. 동석했던 에이전트가 "폰세의 아내는 원래 매사 신중하게 결정하는 스타일이다. 별일 없을 거다"라고 안심시켰지만, 불안은 가시지 않았다. '갑자기 한국에 가기 싫어진 걸까?' '그사이 다른 한국 구단이 연락했나?' 별별 생각이 들던 찰나, 문이 열리고 폰세가 들어왔다. "한화와 함께하겠습니다. 계약합시다."

한화는 폰세에게 신규 외국인 선수 상한액인 100만 달러를 보장했다. 시속 150㎞대 중반의 강속구를 어렵지 않게 던지고, 다양한 변화구를 수준급으로 장착한 투수. 일본에서 뛰면서 아시아 야구와 문화에 적응을 마쳤다는 점도 높이 샀다. 그러나 폰세와의 계약 소식이 전해진 뒤 일각에선 '내구성' 문제로 걱정스러운 시선을 보냈다. 폰세가 일본에서 뛴 3년간 규정이닝을 한 번도 채우지 못한 점이 불안하다는 것이었다. 폰세는 미국 시절까지 다 합쳐도 2017년 마이너리그에서 137$\frac{2}{3}$이닝을 던진 게 한 시즌 최다 이닝 투구 기록이었다. 게다가 한화 팬에게는 '버치 스미스 쇼크'의 후유증이 여전히 남아 있었다. 2023시즌을 앞두고 에이스로 영입했던 스미스는 정규시즌 개막전에서 4$\frac{1}{3}$이닝만 던진 뒤 어깨가 아프다며 짐을 쌌다. 그때를 기억하는 많은 이가 손 단장에게 "폰세는 이닝 소화력도 검증되지 않았고 부상 경력도 꽤 있는데, 괜찮겠냐"고 되물었다.

그러나 손 단장은 "외국인 에이스는 강속구를 던지는 구위형 투수여야 한다"는 소신을 꺾지 않았다. 이닝 문제를 두고도 오히려 발상을 전환했다. "생각해보세요. 3년 연속 180이닝을 던진 투수와 3년간 50이닝-70이닝-120이닝을 던진 투수가 있어요. 둘 중 어느 쪽 팔이 더 건강하겠습니까. 우리끼리는 오히려 그게 장점이 될 수도 있다고 봤어요. 이미 폰세가 너무 마음에 들어서 어떻게든 위안을 찾으려 한 것도 있지만요." 게다가 한화는 이미 FA 투수 엄상백과 4년 계약을 한 뒤라 선발 후보군이 풍부했다. 혹시라도 폰세가 시즌 중반 체력 문제로 힘들어하면, 적절히 휴식을 주면서 팀을 운영할 수 있는 상황이라고 봤다. 그렇게 폰세 카드를 밀어붙였고, 그 결단은 2025년 팀의 운명을 바꿨다.

오히려 한화가 염려했던 부분은 따로 있었다. "폰세가 일본 소속팀 감독의 눈 밖에 났다"는 뒷말이 무성했다. 그 감독은 진중하고 점잖은 선수를 선호하는 스타일이라 폰세의 활발한 성격과 자신감 넘치는 미소를 썩 좋아하지 않는다고 했다. 실제로 한화 실무자들은 일본 현지 미팅 과정에서 "구단은 폰세를 잡고 싶어하는데, 감독님이 안 쓰셔서 어쩔 수 없이 풀어줘야 한다"는 뒷얘기를 듣곤 했다. 그러나 한화가 직접 만난 폰세는 '태도 논란'과 거리가 먼 투수였다. 한화의 적극적인 구애와 따뜻한 환대에 금세 마음을 열었고, 작은 정성에도 크게 고마워했다.

계약 후 폰세의 메디컬 테스트를 담당했던 한화 데이터사이언스팀 관계자는 이런 에피소드를 들려줬다. "미국에 가면서 KBO리그 공인구를 여러 개 챙겨 갔어요. 겨울에 캐치볼 할 때 사용하면서 미리 적응해놓으면 좋을 것 같아서요. 그런데 폰세가 '일본에선 이런 대우를 못 받아봤다'면서 '정말 감동했다'고 하더라고요. 그땐 그냥 인사로 하는 얘기겠지 싶었는데, 시즌 내내 폰세가 팀에 녹아드는 걸 지켜보면서 그 마음이 진심이었다는 걸 깨달았습니다."

일본에서 자신의 활기를 애써 억눌렀던 폰세는 한화에 온 뒤 특유의 긍정적인 에너지를 되찾았다. 팀의 기둥인 류현진을 친형처럼 따르고, 젊은 선수들에게 먼저 장난을 치며 친근하게 다가갔다. 손 단장은 흐뭇하게 말했다. "우리 팀 선수들이 대부분 조용한 편이었거든요. 최고참급인 현진이가 앞장서서 '나댈' 수도 없고요. 그런데 폰세가 야구도 잘하면서 팀 분위기까지 끌어올려 주니, 정말 좋네요."

3

'꼬꼬무'도 거절한 김경문의 올인

김경문 감독은 비장했다. 첫 시즌엔 6월부터 지휘봉을 넘겨받았으니, 개막부터 한화를 이끄는 건 2025년이 처음. 그는 새 시즌 한화의 성적에

호주 캠프를 지휘하는 김경문 감독

‘올인’하기로 결심한 듯했다. 그 조짐은 2024시즌이 끝난 직후부터 보였다.

그해 한국시리즈 마지막 경기가 예정돼 있던 10월 31일, 한화는 일본 미야자키로 마무리 캠프를 떠났다. 출국일도 예년보다 빨랐거니와 출국자 명단에도 큰 변화가 생겼다. 마무리 캠프는 주로 기량을 더 끌어올려야 하는 백업 선수나 유망주가 참가하는데, 이번엔 한 시즌 내내 꾸준히 경기에 나간 베테랑 선수들이 대거 포함돼 총 47명의 대규모 군단이 꾸려졌다. ‘유일한 10승 투수’ 류현진을 제외한 주전 전원이 참가했다고 해도 과언이 아니다. 다른 팀 주전급 베테랑들은 가족과 여행을 다니고 여유롭게 휴식하는 시기. 그래도 한화 베테랑들은 단번에 김 감독의 의중을 읽었다. 불평불만 없이, 새까만 후배들과 함께 강도 높은 ‘4일 훈련 1일 휴식’ 일정을 소화했다. 채은성은 딱 잘라 말했다. “잘해야 쉴 자격이 있죠. 못했으니 여기 온 거예요.”

호주 캠프에서 훈련 중인 문현빈

호주 캠프에서 러닝 중인 신인 정우주

한화가 시즌 종료 직후 영입한 FA 내야수 심우준(4년 최대 50억 원)과 투수 엄상백(4년 최대 78억 원)도 이례적으로 일본까지 날아와 마무리 캠프를 방문했다. 둘은 공식적으로 11월까지 KT 소속이라 훈련을 함께할 수 없었지만, 김 감독은 "같은 식구가 됐으니 하루라도 빨리 팀에 익숙해지는 게 좋을 것 같다"며 이들을 미야자키로 불렀다. 새 코치들과 동료들을 미리 만나 친분도 쌓고 결속을 다지라는 의미였다. 둘은 "스프링캠프 출발을 앞두고 처음 만나는 것보다 이렇게 새 팀에서 먼저 함께 시간을 보낼 수 있게 돼 좋다"며 "기존 선수들과 대화를 많이 하면서 한화에 대해 더 알아가고 싶다"고 입을 모아 말했다.

이 기간 한화 PR팀에는 김경문 감독 방송 출연 섭외가 한 건 들어왔다. SBS 〈꼬리에 꼬리를 무는 이야기(꼬꼬무)〉 제작진이 김 감독 인터뷰 촬영을 요청했다. 〈꼬꼬무〉는 과거 어느 시점에 벌어진 하나의 사건을 현재의

마무리 캠프에 인사하러 온 심우준과 엄상백

시선으로 해석하고 전달하는 유명 시사교양 프로그램이다. 세 명의 진행자가 1대 1로 각자의 손님을 만나 이야기를 들려주는 방식으로 진행된다. 〈꼬꼬무〉가 당시 준비하던 주제는 2008년 베이징 올림픽 야구대표팀의 '9전 전승 금메달' 신화. 실제로 2025년 1월 9일 방영된 이 프로그램 158회는 '끝날 때까지 끝난 게 아니다'라는 제목으로 당시 후일담을 상세하게 다뤘다. 주축 선수였던 이승엽, 류현진, 이택근, 정근우, 윤석민, 강민호 등이 인터뷰에 응해 올림픽의 기억을 생생하게 털어놨다.

김 감독은 그때 베이징 올림픽 우승을 이끈 사령탑이었다. 그 금메달은 산전수전 다 겪은 백전노장의 가슴에 가장 크게 자리 잡은 자부심 중 하나다. 한국 남자 단체 구기 종목이 올림픽에서 따낸 처음이자 마지막 금메달이었고, 하향세였던 프로야구 인기를 다시 끌어올린 기폭제였다. KBO는 금메달을 딴 8월 23일을 '야구의 날'로 지정해 매년 기념 행사를 진행하고 있다. 그 스토리를 집중 조명해야 하는 제작진 입장에서 김 감독은 당연히 섭외 1순위. 그러나 정작 김 감독은 〈꼬꼬무〉 측 제안을 정중하게 고사했다. "내가 지금 방송에 출연할 때가 아니야. 한화이글스만 생각하기에도 바빠. 방송국에는 죄송하다고 잘 말해주세요."

프로그램 제작진은 "감독님이 빠지시면 이야기가 안 된다"며 재차 출연을 부탁했다. 한화의 마무리 캠프에 방해가 되지 않게, "촬영일을 감독님 일정에 철저히 맞추겠다"고 제안했다. 그러나 김 감독은 끝내 출연하지 않기로 결정했다. 한화 PR팀 관계자는 "올림픽 금메달이 벌써 18년 전 일이니, 당시 상황을 자세히 알지 못하는 젊은 팬들에게 그때의 환희를 자세히 소개할 수 있는 기회라고 봤다. 감독님 이미지에도 나쁘지 않은 방송이라고 생각해 다시 말씀드렸는데, '지금은 팀에만 집중하겠다'는 감독님 의지가 워낙 확고하셨다"고 떠올렸다.

실제 미야자키 마무리 캠프와 이듬해 2월 호주 멜버른 스프링캠프에서

채은성과 류현진

만난 김 감독은 오직 한화의 전력 재정비에 포커스를 맞췄다. 선수단 현안을 놓고 이런저런 구상을 얘기하다가도 이야기의 끝은 결국 '가을야구'로 모아졌다. 강한 목표의식이 자신도 모르게 거듭 입밖으로 튀어나오는 듯했다. 술을 자제하던 김 감독은 캠프 휴식일 전날 위스키 한 잔을 마시며 이렇게 말했다. "내가 한화 감독이 되기 전에는, 한화를 응원하는 사람이 이렇게나 많은지 정말 몰랐어요. 그런데 여기 오고 나니까, 정말 생각했던 것보다 훨씬 더 큰 응원을 실감하게 되더라고. 어딜 가든 내 손을 잡으면서 '감독님, 우리 한화 잘 부탁드린다'고 해. 진짜 내가 잘해야 할 거 같아요. 이번엔 꼭 팬들을 가을야구에 초대해야 돼." 그러니 '올림픽 금메달'도, '방송 출연'도 그의 머릿속엔 자리 잡을 틈이 없었던 것이다.

만반의 준비를 마친 김 감독은 2025시즌 미디어데이에 참석해 이런 출사표를 던졌다. "우리 한화에는 최강의 팬덤이 있습니다. 지난 6년간 그분들을 가을잔치에 모시지 못해 죄송합니다. 우리 선수들과 코칭스태프 모두 준비를 아주 잘했으니, 올해는 반드시 가을야구를 보여드리겠습니다."

그리고 한화는 대망의 정규시즌 개막전 선발로 새 외국인 투수 폰세를 예고했다. 폰세의 시범경기 성적은 9이닝 합계 10탈삼진 무실점. 한화의 상징적인 에이스 류현진이 개막전 선발을 양보했을 정도로 컨디션이 좋았다. 그때는 미처 몰랐던, 새 역사의 한 페이지가 막 열릴 참이었다.

99와 1을 더하면 100이 된다

한화의 스프링캠프가 막 시작된 2025년 1월 말의 호주 멜버른. 일과가 다 끝난 저녁 시간, 류현진이 문동주를 방으로 불렀다. 심부름을 시키려던 게 아니다. "동주야, 내 방에서 같이 운동하자." 류현진의 방에 어느새 '문

99와 1을 더하면 100이 된다

호주 캠프에서 투구 영상을 보는 류현진

동주 이브닝 미니 캠프'가 차려졌다.

문동주는 그때 의기소침해 있었다. 2023년 신인왕이자 항저우 아시안게임 에이스였던 그가 2024년 부침을 겪었다. 시즌 초반부터 투구 내용에 기복이 심했고, 견갑골 부상까지 찾아왔다. 후반기엔 구위가 살아나 위력을 되찾은 듯했지만, 다시 어깨에 불편함을 느껴 시즌을 조금 일찍 마감했다. 하필이면 문동주가 빠진 뒤 팀이 하락세를 타 마음고생도 심하게 했다. 멜버른에서 만난 그는 무거운 표정으로 말했다. "저 때문에 팀 분위기가 안 좋아진 것 같아 죄송한 마음뿐이었어요. 작년에 일찍 시즌을 마쳤으니, 올해는 미리 더 철저하게 준비해야겠다고 마음먹었어요. 지난 시즌에 느낀 죄송함을 꼭 올해 야구장에서 결과로 보여드리고 싶어요."

하지만 겨울에도 주어진 시간이 많지 않았다. 12월엔 노시환과 함께 머리를 짧게 깎고 4주 기초군사훈련을 다녀왔다. 1월 한화 투수들의 태국 재활 캠프에 자비로 합류해 본격적으로 몸 만들기에 돌입했는데, 멜버른 캠프 초반 컨디션이 빠르게 올라오지 않았다. 마음과는 다르게 자꾸 더뎌지는 페이스. 슬금슬금 '문동주가 올 시즌 불펜으로 간다'는 소문까지 흘러나왔다. 차세대 에이스 1순위로 꼽히던 문동주가 선발진에서 빠진다니. 한화팬들은 술렁였고, 문동주는 웃지 못했다.

류현진이 이런 문동주의 기를 살리기 위해 나섰다. 선수단 숙소 자신의 방으로 불러 메이저리그 시절부터 꾸준히 하던 개인 운동을 함께하도록 유도했다. 류현진은 부상을 이겨내는 데는 도가 튼 선수다. 2015년에는 투수에게 '사망선고'나 다름없다는 어깨 수술을 받고도, 재기에 성공해 2019년 빅리그 평균자책점 1위에 올랐다. 그 천금 같은 노하우를 문동주에게 전수했다. 풀죽은 채 괴로워하거나 오버페이스를 하는 것보다, 그저 묵묵히 자신의 속도에 맞춰 몸에 좋은 일을 꾸준히 하는 것. 그 중요성을 새삼 일깨워줬다. 그렇게 문동주는 캠프 후반부터 조금씩 페이스에 속도

시범경기에서 최고 시속 159.7㎞를 찍은 문동주

문동주와 최재훈

를 붙이기 시작했다. 이미 어느 정도 궤도에 올랐던 투수라 한 번 감을 찾으니 회복도 일사천리였다.

그 사이 류현진도 개인 준비를 철저히 했다. 멜버른 1차 캠프부터 오키나와 2차 캠프까지, 계획한 대로 투구 수와 몸 상태를 잘 끌어올렸다. 류현진은 첫 시즌엔 계약이 늦어져 2차 캠프 중반에야 팀에 합류했다. 결국 실전 등판 없이 불펜 피칭 2회, 라이브 피칭 1회만 소화하고 시범경기를 시작했다. 2025년엔 달랐다. 국내 팀들과의 연습경기에 두 차례 등판해 실전 감각을 미리 점검했다. 최고 구속도 시속 145㎞까지 올렸다. "던질 때 '세게 던졌다'는 느낌이 없었는데도 그 정도 구속이 나왔다면, 좋은 징조라고 말할 수 있다"고 자평했다.

류현진은 복귀 첫 시즌을 10승 8패, 평균자책점 3.87로 마쳤다. 두 번째 시즌엔 더 잘하고 싶어했다. 캠프 마지막 날, 오키나와 고친다구장 한쪽에서 그는 진심을 얘기했다. "처음 돌아왔을 땐, '내가 뭔가 보여주고 싶다' '역시 류현진이라는 소리를 듣고 싶다' 이런 생각을 하면서 마운드에 올라가기도 했죠. 그런데 그게 개막전부터 무너졌고, 이제는 그런 마음을 다 내려놨어요." 이제 '류현진'이라는 이름 석 자에 쏠린 기대보다 '한화 선발투수'라는 본연의 임무에 집중하겠다는 다짐. "누가 나를 잘 보느냐, 마느냐는 더는 중요하지 않아요. 그냥 내가 준비한 대로 한 시즌을 잘 치르고, 팀과 함께 가을야구를 하면, 그걸로 다 됩니다." 류현진의 미소가 편안해 보였다.

대선배가 '초심'을 되찾는 사이, 문동주는 '광속구'를 되찾았다. 3월 11일 SSG와의 시범경기. 어깨 부상 후 첫 실전 피칭이라 1이닝만 던졌는

호주 캠프에서 만난 문동주

데, 최고 시속 159.7㎞가 나왔다. 문동주가 직구를 던질 때마다 전광판에는 '157' '158' '159'가 밥 먹듯 찍혔다. 이 경기를 중계한 해설위원은 "포수 미트가 찢어지는 듯한 소리가 났다"고 표현했다. 김경문 감독도 "문동주의 보직은 선발투수"라고 언론에 못 박았다. "투구 수를 늘리는 과정에서 짧은 이닝을 던지게 할 수는 있지만, 궁극적인 역할은 선발이다. 4월 안에는 1군 마운드에서 볼 수 있을 것"이라고 힘을 실었다. 시속 160㎞를 던지는 선발투수가 욕심나지 않을 감독은 없다. 문동주는 "이제 경기 감각만 조금 더 올라오면 될 것 같다. 하루빨리 선발로 돌아와 (팬 여러분의) 응원에 보답하고 싶다"고 했다.

류현진의 등번호는 99번, 문동주의 등번호는 1번이다. 둘의 번호를 합하면 정확히 '100'이 된다. 한화는 류현진이 복귀했을 때, 둘의 동반 화보를 촬영하면서 '100점짜리 원투펀치'가 가을야구 마운드에 오르는 날을 꿈꿨다. 2025년 3월, 류현진이 건재했고, 문동주가 건강해졌다. 조짐이 무척 좋은 봄날의 시작이었다.

5 돌멩이 하나가 일으킨 큰 물결

식목일이던 2025년 4월 5일, 한화는 대구에서 될성부른 나무 한 그루를 심었다. 떡잎부터 남달랐던 그 나무는 한 시즌 동안 무럭무럭 자라 가을의 '거목'이 됐다. 2025년 한화의 스토리라인에서 절대 빼놓을 수 없는 이름. 문현빈 얘기다.

끝내기 안타를 치고 환호하는 문현빈

3승 8패 그리고 10위. 한화의 2025시즌 첫 11경기 성적이다. 투수는 나쁘지 않았는데, 타선이 그야말로 '죽도록 안 맞던' 참이었다. 당시 팀 타율이 0.173으로 10개 구단 중 유일한 1할대. 팀 OPS(출루율+장타율)는 고작 0.507로 9위 롯데(0.619)와도 큰 차이가 났다. 시즌 극초반인데도 타율 3할을 넘긴 타자가 한 명도 없었고, 최재훈(0.278)을 제외한 주전 전원이 1할대 혹은 2할대 초반 타율에 머물렀다. 미디어에선 연일 한화 타선의 부진을 지적하는 기사가 쏟아졌다. 산전수전 다 겪은 김경문 감독도 "시즌 초반에 많이 질 수는 있지만, 이렇게까지 공격이 안 풀리는 건 처음 본다. 다들 열심히 노력하고 있는데…"라며 말을 잇지 못했다.

대구에서 '그 홈런'을 치던 순간

출발은 괜찮았다. 3월 22일 KT와의 정규시즌 개막전에서 4-3으로 이겼다. 5년 만의 개막전 승리. 손 단장은 "다들 '준비를 잘했다'는 자신감으로 시작한 시즌이다. 부디 스타트를 잘 끊었으면 했다. 이기고 나서 진짜 기분 좋았다"고 했다. 문제는 그다음. 이튿날 KT에 연장 11회 말 끝내기 안타를 맞고 졌다. 3월 25~27일 LG와의 잠실 3연전도 스윕당했다. 스코어가 0–5, 0–4, 1–2. '3패'라는 결과보다 3경기 합계 1점을 낸 게 더 충격적이었다.

3월 28~29일 KIA전에서 2승을 해내 반등하나 싶었지만, 그 후 또 4연패에 빠졌다. 4월 2~3일 롯데전에서 경기당 2득점에 그쳤고, 4월 4일 삼성과의 주말 3연전 첫 경기에선 한 점도 못 뽑고 0–5로 졌다. 중심 타자 한두 명만 슬럼프에 빠져도 득점 생산력이 떨어지는데, 1번부터 9번까지 다 못 치니 기댈 곳도 없었다. 어느새 또 최하위. 구단 내부에선 "올해도 어렵나"라는 자조가 나왔고, 구단 밖에선 "한화가 그럼 그렇지"라는 조소가 들렸다.

홈런을 확인하고 손을 번쩍 든 문현빈

그때 '그 경기'가 찾아왔다. 선수부터 프런트까지, 한화의 모든 사람이 2025시즌의 변곡점으로 꼽는 그날. 문현빈이 홈런 두 방을 친, 4월 5일 대구 삼성전이다. 김장백 한화 운영팀장은 떠올렸다. "팀 전체가 풀이 죽어 있었어요. 올 시즌이 이대로 완전히 넘어가는 것

함박웃음을 짓는 문현빈

만 같은 분위기였으니까. 그런데 그 홈런이 나오는 순간 '아, 다시 올라온다. 다시 싸울 수 있겠다'는 생각이 들더라고요. 선수들도 그때부터 다시 기가 살아나는 게 눈에 보였습니다."

데이터사이언스팀 관계자의 증언도 똑같다. "저희가 전력강화 포인트로 생각했던 게 실점을 최소화하는 '선발 야구'와 '수비력 강화'였어요. 초반에 그건 잘됐는데, 타격이 생각지도 못하게 너무 안 되니까 '다 소용없는 일인가' 싶었는데…. 그 홈런이 모든 게 잘 풀리는 계기가 된 거예요. 진짜 그때부터 다들 '아, 이제 우리도 되나 보다' 했던 것 같아요."

7회까지는 이전의 여느 경기와 다를 바가 없었다. 한화는 삼성 마운드를 공략하지 못하고 1-5로 끌려갔다. 5연패가 유력해 보이는 상황. 그런데 경기 흐름이 8회 초 크게 요동쳤다. 6회 말 대수비로 투입됐던 문현빈이 8회 초 2사 후 그날의 첫 타석에 섰다. 초구 포크볼에 크게 헛스윙. 문

대활약하는 문현빈

현빈은 기죽지 않았다. 2구 파울, 3구 파울, 4구 파울, 5구 또 파울. 볼카운트가 2스트라이크로 몰린 상황에서 열심히 상대 투수의 힘을 뺐다. 6구째는 볼. 그래도 그는 멈추지 않았다. 7구 파울, 8구 파울, 9구 파울. 그리고 마침내 10구째, 밋밋한 포크볼이 들어왔다. 문현빈이 힘껏 걷어올렸다. 타구가 120m를 날아 우중간 담장을 넘어갔다. 문현빈의 시즌 1호포였다.

이 솔로홈런 한 방이 무기력하던 한화 타선을 거짓말처럼 일으켜세웠다. 에스테반 플로리얼의 2루타와 이진영의 2점 홈런이 이어져 4-5까지 따라붙었다. 불펜이 8회 말 솔로홈런 한 방을 더 내줘 다시 4-6으로 멀어졌지만, 이 모든 건 '문현빈 드라마'의 완성을 위한 밑그림에 불과했다.

문현빈은 9회 초 이날의 두 번째 타석에 섰다. 2사 후 임종찬이 투수의 피치클락 위반으로 볼넷을 고르고, 노시환이 좌전 안타를 쳐 1·2루 기회를 만든 뒤였다. 볼카운트 2볼-2스트라이크. 5구째를 파울로 걷어낸 뒤 6구째 다시 바깥쪽으로 포크볼이 날아들었다. 문현빈이 또 걷어올렸고,

타구는 또 120m를 날아 또 오른쪽 담장을 넘어갔다. 7-6으로 뒤집는 역전 결승 3점포. 행여나 다른 팀이 집어가기라도 할까 봐, 서둘러 품에 안았던 작은 돌멩이 하나가 한화 타선의 슬럼프를 산산조각냈다.

그날 경기 후 문현빈과 인터뷰를 진행한 이글스TV 관계자의 증언. "그때 제가 대구에 있었는데, '이거는 야근이고 뭐고 무조건 이겨야 되는 경기다' 생각했어요. 저조차도 팀이 또 하위권에 머물까 봐 내심 불안했거든요. 이기고 나서 문현빈 선수 얘기를 듣는데, 선수도 정말 벅차서 들뜬 게 느껴지고, 저도 이 상황이 믿기지 않고…. 지금 떠올려도 정말 좋았던 장면이에요. 나중엔 '그때 그 홈런이 안 나왔으면 우리 팀은 어떻게 됐을까' 이런 생각도 많이 들었어요."

한화는 그렇게 극적인 방식으로, 그토록 찾아 헤매던 '젊은 주전 외야수'를 찾아냈다. 문현빈은 그다음 경기부터 시즌이 끝날 때까지, 딱 2경기만 빼고 전 경기에 선발 출장했다. 빠진 두 경기도 이유가 있다. 한 번은 등에 담이 걸렸고, 한 번은 순위 경쟁이 다 끝난 시즌 최종전이어서 그랬다. 문현빈이 붙박이 3번 타자 좌익수로 자리 잡으면서 한화의 선발 라인업에는 힘이 붙기 시작했다. 김 감독은 "자기 별명(돌멩이)처럼 단단한 플레이를 한다"고 했다. 문현빈의 정규시즌 141경기 최종 성적은 타율 0.320, 홈런 12개, 80타점. 그는 "나처럼 작은 사람도 두 자릿수 홈런을 칠 수 있다는 걸 보여줘서 정말 좋다"며 배시시 웃었다.

6 33년 만의 12연승, 하늘마저 도왔다

2025년 4월 26일 대전 KT전부터 5월 11일 고척 키움전까지, 한화가 12경기를 내리 이겼다. 역사적인 승승장구. 한화의 12연승은 전신 빙그레 시절이던 1992년 5월 이후 33년 만에 처음이라고 했다. 10연승은 1999년 9월 이후 26년 만이었고, 11연승부터는 추억의 옛 이름 '빙그레'까지 현실로 불러냈다. 8연승 후 2패 그리고 다시 12연승. 보고도 믿기지 않는 승전보의 연속이었다.

하늘도 한화를 도와주는 듯했다. KBO리그 10개 구단은 당초 4월 29일부터 5월 7일까지 9경기를 휴식 없이 연속으로 치러야 했다. 프로야구 최대 축제인 5월 5일 어린이날이 하필 리그 휴식일인 월요일에 걸리는 바람에 그렇게 됐다. 많은 감독이 이 기간을 '지옥의 9연전'이라 부르면서 "시즌 초반 판도를 흔들 변수가 될 것"이라고 입을 모았다. 실제로 그렇게 됐다. 많은 팀의 명암이 뚜렷하게 갈렸다. 그중 한화는 최대 수혜자였다. 9연전 도중, 5월 1일과 3일 경기가 마침맞게 비로 취소됐다. 다른 팀들이 선발진 운용의 묘를 찾느라 애를 먹을 때, 한화는 기존 선발들의 등판 일

연승을 이어가는 류현진

정을 당기거나 대체 선발을 투입하지 않고도 원활하게 로테이션을 운영했다. 결과는 그 기간 전승. 12연승의 한복판에 '지옥의 9연전' 대신 '천국의 7승'이 들어앉았다.

전국에 비가 내린 5월 9일에는 정반대의 행운도 챙겼다. 5경기 중 야외구장에서 열리는 4경기가 취소돼 8개 팀이 다음 날 더블헤더를 치러야 하는 상황. 그런데 한화는 때마침 비의 영향을 받지 않는 고척돔에서 키움과의 맞대결이 잡혀 있었다. 9연전 기간 두 경기 우천 취소는 그렇다 쳐도, 더블헤더를 피한 고척 경기 때는 김경문 감독조차 너털웃음을 지었다. "이럴 때는 더블헤더를 하는 것보단 그냥 경기를 하는 게 훨씬 나은데…. 날씨까지 이렇게 도와줄 줄은 몰랐네. 우리 팀에 지금 운이 많이 따르는 건 맞는 것 같아요."

실력과 기세를 양손에 쥔 한화는 적수가 없어 보였다. 특히 선발진의 위력이 무시무시했다. 4월 13일 대전 키움전부터 23일 부산 롯데전까지

8연승을 달리는 동안, 모두 선발투수가 승리를 챙기는 진기록을 남겼다. 문동주–폰세–와이스–류현진–엄상백–문동주–폰세–와이스. 한화 구단 역대 최장 기록이었다. 종전에는 2001년 4월 7~14일 조규수–한용덕–이상목–조규수–송진우–한용덕–박정진이 남긴 7경기 연속이 최다였는데, 24년 만에 이 기록을 '8경기'로 늘렸다. 리그 최강 외국인 원투펀치가 앞에서 끌고, 류현진을 앞세운 국내 선발 삼총사가 뒤를 받치는 완벽한 구도. 폰세는 "정말 '어메이징(amazing)'한 기록"이라며 자랑스러워했다.

12연승 기간에도 마찬가지였다. 문동주–폰세–와이스–류현진–정우주–폰세–와이스–류현진–문동주–한승혁–폰세–와이스 순으로 승리 투수가 됐다. 12연승 중 10경기에서 선발승이 나온 것이다. 1점 차 승리가

와이스와 노시환

4번, 2점 차 승리가 4번, 3점 차 승리가 1번. 접전이 많았지만, 새 마무리 투수 김서현을 앞세운 불펜이 무사히 뒷문을 지켜줬다. 연승의 첫날 4위였던 한화는 2연승 뒤 3위가 됐고, 5연승 뒤 2위로 올라섰다. 7연승 뒤에는 마침내 1위 자리를 꿰찼다.

양상문 투수코치는 그저 흐뭇해했다. "자기들끼리 흔히 우리가 '선의의 경쟁'이라고 부르는 그런 감정을 느끼는 것 같아. 한 친구가 잘하면 '어? 나도 더 잘해야겠네?' 하는 마음들이 어우러져서 좋은 쪽으로 팀이 흘러가는 거죠. 부담은 부담인데, 긍정적인 부담감." 연승 기간 승리를 이어간 류현진도 그 감정을 한마디로 정리했다. "내가 나가는 날 연승이 끊기는 건 너무 싫잖아요. 서로 '폭탄 돌리기' 하는 기분이라니까. 나는 승리 투수가 못 되더라도 팀은 이겨야지. 나도 같이 이기면? 당연히 그게 최고지."

이 정도라면 매일이 잔칫집 분위기였을 것 같지만, 한화 더그아웃은 연승 기간에 오히려 더 차분했다. 손혁 단장은 "좋은 성적으로 시즌을 끝까

포효하는 문동주

파이팅 넘치는 폰세의 세리머니

지 완주하는 게 가장 중요하다. 여전히 경기 중 부상 선수가 나올까 걱정하는 마음이 더 크다"라며 "감독님께서 선수들이 너무 들뜨지 않도록 분위기를 잘 잡아주신다"고 했다. 실제로 김경문 감독은 경기 전 한화의 연승 기록을 두고 취재진의 질문이 쏟아지자 얼굴을 굳혔다. "기자분들께는 죄송하지만, 연승 때는 오히려 연승 이야기를 조금 자제해주셨으면 좋겠습니다. 감독이 인터뷰에서 '연승'이라는 말을 한 번 할 때마다, 선수는 두 번 스트레스를 받게 되니까요."

김 감독은 말이 아닌 다른 방식으로 연승을 기원하는 마음을 표현했다. 주황색 '이글스' 로고가 크게 박힌 회색 후드 티셔츠를 12연승 기간 내내 입었다. 첫날 입었다가 팀이 계속 이기자 김 감독만의 '승리 징크스'가 된 것이다. 연승이 길어지는 사이 기온이 크게 올랐지만, 김 감독은 차라리 후드티를 입고 더위와 맞서는 쪽을 택했다. 한화의 베테랑들도 가만히 있지 않았다. 8연승 기간에는 채은성, 12연승 기간에는 류현진이 매일 선수단에 커피를 돌렸다. '지출이 꽤 크겠다'는 말에 류현진은 눈을 크게 뜨면서 "돈은 문제가 아니다. 계속 이길 수 있다면, 시즌 끝까지 계속 쏠 수도 있다"고 했다.

기나긴 연승에 마침표가 찍힌 건 5월 13일 대전 두산전. 한화는 연장 11회 승부 끝에 3-4로 졌다. 구단 역대 최다 기록인 14연승에 딱 2승을 남겨두고 아쉽게 물러났다. 다음 날 만난 김 감독은 홀가분하게 웃었다. "구단에서 그동안 좋은 옷을 많이 줬는데, 이제 가볍고 시원한 걸로 입어야겠어." 두꺼운 후드티와 함께, 연승 중단의 아쉬움도 날려버렸다.

12연승 기간 같은 후드티를 입은 김경문 감독

17K와 18K의 '빅 허그'

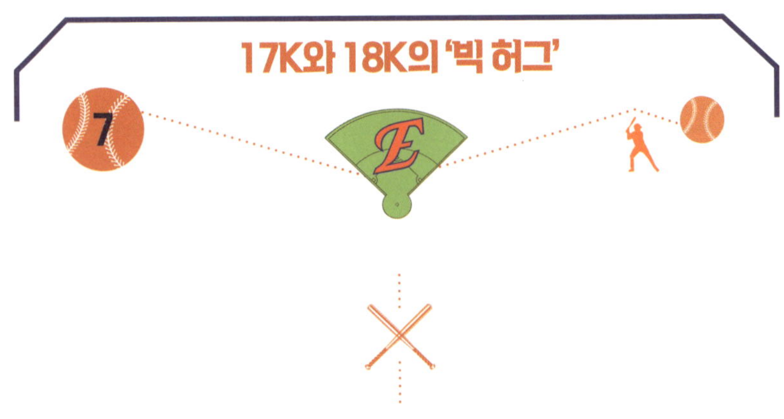

데뷔와 동시에 KBO리그를 평정했던 류현진. 그가 15년 가까이 가슴에 달고 있던 '훈장'이 하나 있다. 2010년 5월 11일 청주 LG전에서 잡아낸 17개의 삼진. KBO리그 역대 정규이닝 최다 탈삼진 기록이다. 그동안은 감히 그 기록에 도전장을 던진 투수가 없었는데, 2025년 들어 자꾸 "내가 깨

폰세의 18K 신기록을 알리는 대전 한화생명볼파크 전광판

겠다"고 도발하는 후배가 하나 등장했다. 다름 아닌, 폰세다.

마냥 허풍은 아니었다. 폰세는 4월 15일 인천 SSG전에서 삼진 12개(7이닝)를 잡더니, 다음 등판인 4월 20일 대전 NC전에선 다시 탈삼진 수를 13개(7이닝)로 늘렸다. 누군가 류현진을 위협할 수 있다면, 그건 분명 폰세일 것 같았다. 그 과정에서 자연스럽게 '17K 기록 보유자'의 정체를 알게 된 폰세는 "앞으로 내 목표는 류현진을 넘어서는 것"이라며 선전포고를 했다. 그때마다 류현진의 대답은 한결같았다. "그래. 잘해봐."

폰세는 2010년의 류현진처럼, KBO리그를 지배해나가던 참이었다. 시즌 초반인데도 벌써 '투수 4관왕'을 점치는 이가 나올 만큼 압도적인 기록을 쌓아나갔다. 큰 기대를 걸고 그를 데려온 한화 구단조차도 "이 정도까지 잘할 줄은 몰랐다"며 혀를 내둘렀다. 아무리 그래도 '17K' 기록은 또 다른 차원의 얘기였다. 폰세 자신을 포함한 그 누구도 실제로 그가 그 기록을 깰 거라고는 생각하지 못했다.

류현진은 웃으며 말했다. "그때는 선발투수가 한 경기에 공을 120개씩 던지던 시절이잖아요. 지금은 그런 일이 거의 없으니, 다른 선수가 깨기 어려울 거예요. 저한테도 그날은 무척 특별한 날이었고, 다시는 그렇게 못 합니다." 폰세도 나중에 털어놨다. "사실 나도 진짜 '그 기록을 세우겠다'는 뜻으로 얘기한 건 아니었어요. 그냥 장래희망을 얘기하듯이, 이루지 못할 꿈을 크게 꾼 거죠. 그렇게 얘기하면서 류의 기록을 다시 언급하면 모두가 재밌잖아요. 그런데…."

믿을 수 없는 일이 벌어졌다. 5월 17일 SSG와의 대전 더블헤더 1차전. 폰세가 곱슬머리를 휘날리며 마운드에 올랐다. 1회부터 뭔가 심상치 않았다. 최지훈-박성한-최정을 모두 삼진으로 돌려세웠다. 2회에는 최준우와 안상현을 연속 3구 삼진으로 요리했고, 3회에는 신범수와 최지훈을 연

류현진에게 경의를 표하는 폰세

속 헛스윙 삼진으로 잡아냈다. 4회엔 박성한과 한유섬, 5회엔 라이언 맥브룸과 최준우가 각각 삼진으로 돌아섰다. 5이닝 삼진 수가 이미 11개. 두 자릿수를 돌파했다.

폰세는 6회 기세를 더 올렸다. 정준재와 신범수를 연속 3구 삼진 처리한 뒤 최지훈에게 4구 만에 헛스윙 삼진을 끌어냈다. 공 10개로 삼진 3개 추가. 역대 외국인 투수 한 경기 최다 탈삼진 타이기록이 그때 쓰였다. 폰세는 7회 박성한과 최정에게 다시 삼진을 잡았다. 류현진의 기록까지 남은 삼진은 단 한 개. TV 중계 카메라는 마운드의 폰세와 더그아웃의 류현진을 번갈아가며 비추기 시작했다.

속전속결. 폰세는 결국 해냈다. 8회 선두타자 맥브룸이 투스트라이크에서 3구째에 헛스윙했다. 17번째 탈삼진. 숨죽이던 대전 홈 팬들이 야구장이 떠나갈 듯한 환호를 쏟아냈다. 폰세는 더그아웃의 류현진을 향해 모자를 벗고 90도로 인사했다. 류현진도 박수를 멈추고 함께 모자를 벗어 화답했다. 그러나 폰세는 그 후에도 한참을 마운드로 돌아가지 못했다. 잠시 주저 앉아 벅찬 감정을 추스르다가, 이내 커다란 손바닥으로 솟구치는 눈물을 쓸어내렸다. 모두가 그 모습을 숨죽여 바라봤다.

그다음 타자는 최준우. 폰세는 눈물을 쏟은 뒤에도 약해지지 않았다. 루킹 삼진. 2010년의 류현진을 넘어서는, 역대 정규이닝 최다 탈삼진 기록

어머니 생각에 울먹이며 감정을 추스르는 폰세

이 그렇게 탄생했다. 환호로 들썩이는 더그아웃 한복판에서, 류현진은 두 팔을 머리 위로 들어 가장 크게 축하했다. 8회를 마치고 더그아웃으로 돌아온 폰세와 '빅 허그'도 나눴다. 류현진은 그날을 떠올리며 "정말 하나도 서운하지 않았다. 다른 팀 선수도 아니고, 우리 팀 선수가 내 눈 앞에서 그런 기록을 세웠다는 게 오히려 좋았다"고 했다. 폰세도 그 마음을 확실히 알았다. "류가 진심 어린 축하와 포옹을 해줬다"며 고마워했다.

폰세가 그날 갑자기 눈물을 흘린 건, 2017년 12월 뇌암으로 세상을 떠난 어머니가 떠올라서였다. 당시 공을 던지는 폰세 주위로 흰 나비 한 마리가 날아다녔는데, 그는 마운드에서 그 사실을 알지 못하다 나중에 영상

폰세를 안아주는 류현진

으로 확인했다. 그는 "그날따라 유독 어머니가 나와 함께 있는 것 같았다. 나의 특별한 성취를 곁에서 지켜봐 준 것 같아 마음이 아프고, 생각이 많이 났다"며 "평생 잊을 수 없을 것 같은 순간"이라고 되새겼다. 하늘이 떠나갈 듯한 환호와 박수를 보내준 동료들과 팬들에게 "한화 유니폼을 입고, 한화의 홈 구장에서, 류가 지켜보는 가운데 기록을 남길 수 있어서 더 기쁘다"고 인사도 했다.

폰세와 최재훈의 포옹

실제로 폰세는 한화의 동료들과 아주 특별한 팀워크를 쌓았다. 시계를 더 뒤로 돌려 3월 28일, 대전 한화생명볼파크에서 역사적인 첫 경기가 열리던 날, 폰세가 야수들을 '집합시킨' 사건이 상징적이다. 당시 한화는 4연패 중이었고, 침체됐던 타선은 그날도 5회까지 득점하지 못하고 0-1로 끌려갔다. 그런데 5회 초 투구를 마친 폰세가 더그아웃 앞에서 두 팔로 크게 손짓하며 야수들을 불러 모았다. 외국인 선수의 생소한 미팅 소집에 선수들이 어리둥절해하는 사이, 폰세는 글러브로 입을 가린 채 통역을 통해 자신의 메시지를 전달했다. "내가 열심히 잘 막을 테니, 너희가 점수를 내면 이길 수 있다"며 기운을 불어넣었고, "안타 치는 사람은 내가 상금 줄게"라며 농담도 했다.

선수들은 폰세의 응원에 감동했고, 뜻밖의 위트에 미소지었다. 이후 한화 타선은 7회 5점을 내고 8회 2점을 보태 7-2 역전승을 일궜다. 연패가 끝없이 길어질 위기에서 폰세가 침체됐던 더그아웃 분위기를 끌어올린 것이다. 외국인 선수도 '뜨내기'가 아니라, 엄연히 한 팀의 일원임을 폰세와 한화가 보여줬다.

폰세의 대기록을 축하해주는 와이스

8 조동욱과 황준서가 함께 꾸는 꿈

2025년 5월 28일 잠실 LG전. 2위 한화에게 중요한 경기였다. 1위 LG와 원정 3연전을 시작했는데, 하루 전 첫판에서 1-2로 아깝게 졌다. 이날은 에이스 폰세가 등판해 4-0까지 앞서다 7회 말 동점을 허용해 4-4가 됐다. 그 상태로 연장전 돌입. 양 팀 다 한 발짝도 물러설 수 없는 자존심 싸움이 이어졌다.

연장 11회 초 2사 1루. 팽팽하던 균형이 깨졌다. 주장 채은성이 타석에 섰다. 앞서 4타수 무안타로 침묵했던 5번 타자. 이제는 칠 때가 된 듯했다. 그는 타자들이 가장 좋아한다는 볼카운트 3볼-1스트라이크에서 5구째 높은 직구에 배트를 휘둘렀다. 청명한 '딱' 소리. 맞는 순간 아무도 의심할 수 없는 홈런이었다. 배트를 집어던진 채은성은 천천히 1루로 향하면서 왼쪽 담장 밖으로 까마득하게 날아가는 타구를 바라봤다.

6-4로 앞선 11회 말. 이 리드를 지킬 투수가 필요했다. 마무리 투수 김서현은 이미 9회 말 등판했다가 마운드를 내려간 뒤였다. 10회 말부터 책임졌던 박상원이 다시 올라왔지만, 6-5 추격을 허용했다. 한화 벤치는 계속된 1사 1루에서 2년 차 왼손 투수 조동욱 카드를 꺼내 들었다.

조동욱은 첫 타자에게 안타를 맞고 2사 후 볼넷을 내줘 만루 위기에 몰렸다. 그래도 투수는 바뀌지 않았다. 직구에 파울, 또 직구에 파울, 슬라이더에 파울. 2스트라이크에서 조동욱이 던진 4구째 슬라이더에 상대 대타가 헛스윙했다. 삼진으로 경기 종료. 조동욱의 데뷔 첫 세이브였다. 한 번 그리고 또 한 번. 그는 두 차례 주먹을 불끈 쥐며 온몸으로 함성을 내질렀다. 평소 감정 표현이 크지 않았던 젊은 투수의 이례적인 연속 포효였다. 1루에 서서 한 구, 한 구 숨죽이며 지켜보던 채은성은 "내가 홈런 쳤을 때보다, 그 삼진을 잡았을 때 더 짜릿했다"고 했다.

한화는 2024년 신인 드래프트 1·2라운드 지명을 무척 만족스러워했다. 1라운드 전체 1순위로 황준서, 2라운드 전체 11순위로 조동욱을 뽑아 장충

황준서와 조동욱

손혁 단장과 조동욱

손혁 단장과 황준서

고 왼손 원투펀치를 한꺼번에 낚아챘다. 황준서와 조동욱은 고교 3년 내내 장충고를 전국 최강으로 이끈 단짝이었다. 초등학교 1학년 때 미국 유학을 다녀온 조동욱이 나이는 한 살 많지만, 동급생이라 처음부터 친구로 지냈다. 같은 유니폼을 입고 험난한 프로 생활을 시작한 둘은 "한 팀에서 뛰게 된 게 서로에게 큰 힘이 될 것 같다"며 기뻐했다. 늘 왼손 투수가 부족했던 한화도 이들의 동반 성장에 큰 기대를 걸었다.

프로 데뷔는 먼저 이름이 불린 황준서가 한 달가량 빨리 했다. 2024년 3월 31일 김민우의 대체 선발로 투입됐다가 데뷔전 선발승을 따냈다. 조동욱은 그때 2군에서 TV로 이 장면을 지켜봤다. "가장 친한 친구가 첫 경기부터 잘 던지니까 기분 좋은 게 먼저였죠. 그러면서 한편으로는 많이 부러웠어요. 저도 준서처럼 데뷔전 선발승을 따내는 장면을 그리면서 혼자 이미지 트레이닝을 많이 했어요."

그 상상은 예상보다 더 빨리 현실이 됐다. 어버이날인 5월 8일, 그는 박정진 2군 투수코치에게 기분 좋은 소식을 들었다. "네게도 기회가 왔다. 12일 키움전 선발이다. 1군에 갈 준비를 해라." 아들의 전화를 받은 부모는 "이렇게 좋은 어버이날 선물이 또 있을까"라며 기뻐했다. 이틀 뒤 1군에 합류해 처음 만난 '롤 모델' 류현진은 "너무 잘하려 애쓰지 말고, 네 장점을 살려 하던 대로만 하라"고 조언했다. 처음 호흡을 맞추게 된 포수 최재훈은 "아무것도 신경 쓰지 말고, 내 미트만 보면서 사인대로 세게 던져라"라고 힘을 줬다. 그 결과는 6이닝 1실점(비자책점). 황준서에 이은 또 한 번의 '데뷔전 선발승'이었다. 입단 첫 시즌에 데뷔전 선발승을 기록한 고졸 신인은 당시 단 11명뿐이었는데, 그중 한화 선수는 류현진에 황준서·조동욱까지 딱 셋이었다.

그 누구보다 신나게 조동욱의 첫 승 세리머니를 준비한 황준서는 "우리 둘이 함께 류현진 선배님의 계보를 이어보자"고 했다. 조동욱도 황준서에게 고마워했다. "준서가 등판 전에 마운드부터 공인구까지, 세세한 부분을 다 얘기해줬어요. '1군과 2군 타자들이 많이 다르냐'고 물었더니, '그냥 다 똑같은 타자라 생각하고 던지는 게 낫다'고 조언도 해줬습니다."

팬들에게 입단 인사하는 신인 조동욱

데뷔 첫해 귀중한 역사를 함께 쓴 둘은 2025년 1군에서 본

포효하는 조동욱

팀의 연패를 끊는 황준서

격적으로 자기 몫을 해냈다. 조동욱은 불펜으로 풀타임을 뛰면서 롱 릴리프부터 원 포인트까지 가리지 않는 전천후 활약을 펼쳤다. 그 자신도 "이렇게 중요한 경기에 많이 나가게 될 줄은 몰랐다"며 "지난 시즌과 달리 올해 비로소 제대로 야구를 한 느낌"이라고 했다. 6월 11일 잠실 두산전에선 류현진의 대체 선발로 투입됐다가 5이닝 1실점으로 선발승도 따냈다. 조동욱은 그 경기 후, 2024년 세상을 떠난 할아버지를 떠올리며 감회에 젖었다. "제가 야구하는 걸 많이 좋아하셨어요. 항상 '너는 성공할 거다. 반드시 잘될 거다'라고 말씀해주셨는데…. 야구를 할 때면 늘 할아버지 생각이 많이 납니다." 더는 말을 잇지 못했지만, 그 승리를 할아버지께 바치고 싶다는 의미로 들렸다.

황준서는 조동욱보다 조금 늦게 시동을 걸었다. 류현진이 1월 오키나와 개인 캠프에 함께 데려가 '황준서 증량 프로젝트'까지 가동했지만, 1군 스프링캠프 명단에서 제외돼 2군에서 개막을 맞았다. 3월 27일 이후 한 번도 1군을 떠나지 않은 조동욱과 달리, 5월 21일에야 처음으로 1군에 올라왔다. 그러나 '2024년 전체 1순위 유망주'의 저력은 어디 가지 않았다. 그는 "겨울에 준비를 엄청 열심히 했고, 2군에서 좋은 코치님들께 많이 배웠다. 그걸 1군에서 잘 활용할 날만 기다렸다"고 했다. 꾸준히 선발 등판 기회를 얻으면서 경험치를 늘려가던 그는 8월 23일 대전 SSG전에서 상징적인 승리도 거뒀다. 6이닝 무실점 역투로 팀의 5-0 승리를 이끌고 6연패를 끊어냈다. 생일(8월 22일)이 하필 등판 전날이라 제대로 챙기지 못한 아쉬움은 홈팬들의 생일 축하 노래와 선발승으로 달랬다. 그는 "가장 좋은 생일 선물을 받은 것 같다"며 웃었다.

황준서에게 조동욱과 함께 1군에서 뛰는 기분을 물었더니, 이런 답이 돌아왔다. "둘 다 한화에 지명됐을 때부터, 1군에서 같이 뛰고 함께 잘하는 게 우리의 목표이자 꿈이었어요. 이렇게 지금 그 길을 함께 갈 수 있어서 진짜 좋아요." 조동욱도 화답했다. "저는 늘 준서에게 의지하고, 많은 얘기를 해요. 언제든 편하게 기댈 수 있는 친구가 같은 팀에 있다는 게 정말 좋습니다."

지명 당시의 황준서와 조동욱

최재훈과 이재원, 두 포수의 뒷모습

"잠깐만, 지금 둘이 같이 뒷모습 사진 하나만 찍죠?"

경기 전 훈련을 마치고 들어오는 두 포수에게 불쑥 다가갔다. "갑자기요?" "네. 갑자기 둘 모습이 보기 좋아 보여서." 이재원과 최재훈은 마주 보며 쑥스럽게 웃었다. "그냥 자연스럽게 걸어가 볼까? 사실 우린 얼굴 안 나오는 사진이 더 보기 좋아." 최재훈의 제안에 이재원이 동의했다. 둘은 제법 카메라를 의식하면서, 어색하게 라커룸으로 향하는 계단을 걸어 내려갔다. 어쩔 수 없이 터지는 폭소. 한화의 가을야구가 성큼 다가온, 2025년 9월의 어느 날이었다.

한화가 한창 연승 가도를 달리던 5월, 양상문 투수코치는 두 포수에게 고마워했다. "실질적으로 올해 우리 투수들이 잘하는 키포인트 중 하나는 포수 이재원이랑 최재훈이야. 포수들이 경기 전에 준비를 잘해서 투수들을 잘 리드해주고, 이런 게 잘 어우러진 거지. 투수들만 잘 던진 게 아니에요." 2025년 KBO리그 최고 투수 폰세도 그랬다. "등판할 때마다 포수 최재훈과 이재원에게 모자를 벗고 경의를 표하고 싶습니다. 늘 믿을 수 있는 좋은 콜을 해 준 덕에 마운드에서 내 투구에만 집중할 수 있었던 것 같아요. 고마워요, 형들."

주전 포수 최재훈은 숨은 'FA 모범생'이다. FA 계약 4년째인 2025년, 한화의 가을야구 소원 성취에 타자와 포수로 모두 큰 힘을 보탰다. 단장 시절 최재훈과 5년 계약을 했던 정민철은 "최재훈 정도의 포수가 없었다면 올해 한화의 레이스는 조금 더 계산이 필요했을 것이다"라며 짐짓 뿌듯해했다.

30대 중반으로 접어든 최재훈은 어느덧 투수들이 푸근하게 의지할 수 있는 안방마님이 됐다. 최재훈이 19세 신인 정우주에게 "너 새가슴이야? 도망가지 말고 그냥 한가운데로 던져. 내가 책임질 테니까"라고 자신감을 북돋우는 장면은 팬들 사이에 두고두고 화제가 됐다.

실제로 그는 한화의 젊은 투수들 얘기를 할 때 가장 열정적인 목소리를 낸다. "제가 늘 부탁하는 게, '볼넷을 줄 바엔 그냥 초구에 맞으라'는 거예요. 그래야 그 친구들이 성장하는 데 조금이라도 도움이 되거든요. '맞는 건 포수 잘못이니, 너희는 그냥 자신 있게 던지라'고 해요. 그 친구들은 '그래도 맞으면 어떡하냐' 할 수 있지만, 뒤에서 야수들이 잘 잡아줄 거고, 안 되면 공격 때 점수 뽑아주면 되잖아요."

그런 최재훈이 가장 고마워하는 건 포수들의 '브레인'이 돼주는 전력분석팀 그리고 선배 포수 이재원이다. "감독님께서 올해 체력 안배를 많이 해주셨는데, 재원이 형이 받쳐주니까 더 좋았던 것 같아요. 경기 끝나고 형이 (힘들어서) 쓰러져 있는 걸 보면 내심 미안했죠. 형이 없었으면 저의 올 시즌이 훨씬 더 힘들었을 거예요."

'SK 왕조'의 산증인인 이재원은 2024년 한화에 왔다. 2006년부터 18년간 한 팀에서만 뛰었지만, 친정팀의 지도자 제안을 뿌리치고 팀을 옮겼다. "이전 팀에서 많은 걸 배우고 우승도 했지만, 한화에서 또 다른 야구를 배워 보고 싶었다"면서. 그렇게 그는 2년 더 대전의 안방을 지켰다.

말로만 팀을 앞세우는 선수는 많지만, 이재원처럼 진짜 행동으로 보여주는 선수는 드물다. 주장 채은성은 고마운 동료를 얘기할 때 "재원이 형이 정말 많이 도와줬다"는 말을 빼놓지 않는다. 투수 문동주도 "이재원 선배님의 마음에 감동한 게 한두 번이 아니다"라고 했다. 나무가 아니라 숲을 보며 살아왔기에 가능한 일이다. "팀에 확실한 주전 포수가 있어야 기둥이 제대로 서요. 나는 최선을 다해 재훈이를 돕고, 내가 맡은 경기는 확실하게 책임져서 시너지를 내는 게 목표였어요. '마지막'을 생각하고 한화에 왔는데, 생각보다 더 많은 경기를 뛰었네요. 조금은 팀에 보탬이 된 것 같아 후회는 없습니다."

한화는 2026시즌 이재원과 '플레잉 코치' 계약을 했다. 최재훈과 이재원이 포수 마스크를 나눠 끼는 장면을 이제는 보지 못할 수도 있다는 의미다. 문득 이 사진을 남겨두길 잘했다는 생각이 들었다.

RIDE THE STORM
RIDE THE STORM
IT AIN'T OVER TILL IT'S OVER

5부

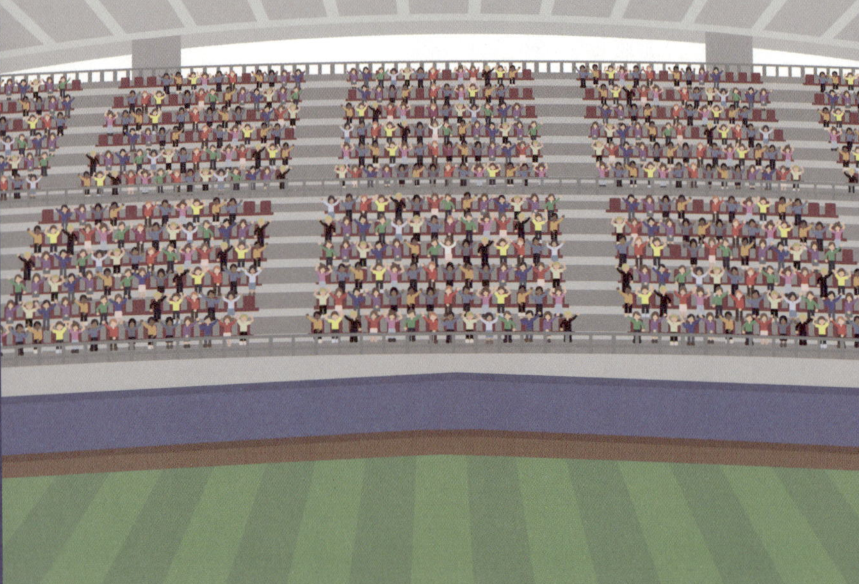

이글스의
가을이
돌아왔다

노시환이 완성한 '두 번째 10연승'

노시환은 부산 출신이다. 고향팀 롯데의 2019년 1차 지명 후보였는데, 경남고 동기생 투수에게 그 자리를 내주고 2차 지명에 나왔다. 한화 입장에선 참 다행이었다.

환하게 웃는 노시환

한화에 지명된 고3 노시환

그해 신인 드래프트의 '최대어'들은 고교 졸업 후 바로 미국으로 떠났다가 국내 유턴을 결심한, 20대 후반의 '해외 복귀파' 선수들이었다. 미국 마이너리그와 일본에서 프로 경험을 쌓았으니, 즉시 전력이 될 거라는 기대가 컸다. 실제로 KT가 전체 1순위로 이대은을 뽑았고, 삼성이 2순위로 내야수 이학주를 선택했다.

3순위 지명권을 쥐고 있던 한화가 그 흐름을 깼다. 경남고 3학년 내야수 노시환을 호명했다. 김태균의 후계자가 돼줄 차세대 거포를 놓칠 수 없었기 때문이다. 그때도 그 선택에 많은 이가 놀랐지만, 한화는 "앞의 두 팀이 노시환을 뽑아갈까 봐 오히려 걱정했다"고 했다. 일부러 해외 복귀파 선수들에게 관심 있는 것처럼 연막작전까지 펼쳐가며 노시환을 사수했다.

때마침 한화는 유망주 육성에 온 힘을 기울이던 참이었다. 시기를 잘 만난 대형 신인 노시환은 첫 시즌부터 1군 91경기에 나섰다. 그러나 성적은 바닥이었다. 1할대 타율에 홈런 1개. OPS는 0.500을 간신히 넘겼다. "제가 그때 '이정후, 강백호, 그다음은 노시환이다!' 하면서 시즌을 출발했거

김태균과 노시환의 레거시 유니폼 화보

든요. 그런데 그 누구보다 저 자신이 가장 큰 충격을 받았어요. 나한테 진짜 재능이 있긴 한가. 야구를 그만두고 싶을 정도였어요."

한화는 그 시련이 노시환을 강하게 할 것이라고 여겼다. 노시환은 2년 차였던 2020년에도 106경기에서 387타석에 섰다. 한용덕 감독부터 최원호 감독대행까지, 그해 한화를 이끈 두 명의 사령탑이 그에게 꾸준히 기회를 줬다. 연패 기간 베테랑 타자들이 연쇄 부진하자 4번 타자까지 맡겼다. "무조건 팀의 중심 타자로 육성해야 하는 선수"라는 의미였다. 너무 어린 나이에 맡은 중책. 독이지만, 약이었다. 버거운 짐을 둘러메고 허덕이던 노시환은 자기도 모르는 사이 조금씩 강해졌다. 그해 처음 두 자릿수 홈런(12개)을 쳤고, 2021년엔 홈런 수가 18개로 늘었다. 잊을 만하면 찾아오는 성장통을 이겨내고 또 이겨내면서, '노시환'이라는 이름에 무게를 더해갔다.

2023년, 노시환은 홈런 31개를 치고 101타점을 올렸다. 홈런과 타점 2관왕. 한화에 마침내 믿고 기댈 수 있는 붙박이 4번 타자가 탄생했다. 그는 그해 한화로 이적한 채은성과 한 시즌 내내 웨이트트레이닝을 함께했다. 채은성이 스프링캠프부터 "웨이트는 파트너가 있어야 잘 된다. 네가 나랑 같이 하자"며 '멘토'를 자청했고, 노시환은 그를 따라다니며 자신만의 운동 루틴을 정립했다. 홈과 원정을 가리지 않고 정해진 시간에 스트레칭과 근력 운동을 함께하면서 완벽하게 몸을 관리했다. 2022년 홈런 수

아시안게임 금메달을 따고 금의환향한 문동주와 노시환

가 크게 줄어 고민했던 노시환은 거포의 위용을 되찾았고, 2023년 항저우 아시안게임에선 국가대표 4번 타자로 활약했다. 금메달을 걸고 금의환향한 노시환과 문동주에게 한화는 커다란 축하 꽃다발을 안겼다.

그 후 다시 2년의 시간이 흘렀다. 2025년의 노시환은 여전히 굳건한 한화의 4번 타자이자 주전 3루수다. 그는 개막 전 호주 스프링캠프에 몰라보게 날렵해진 모습으로 나타났다. 두 달에 걸쳐 10kg을 감량했다면서 "남들처럼 하루에 세 끼만 먹었더니 저절로 살이 빠졌다"며 웃었다. 새삼 체중 관리에 심혈을 기울인 이유는 '부상 방지'를 위해서였다. 2024년 7월 어깨 관절와순을 다친 뒤 100%의 기량을 발휘하지 못한 게 못내 후회됐다. "다치지 않으려면 몸을 가볍게 만들어야겠다"고 결심했고, 실행에 옮겼다.

그 결과 노시환은 2025시즌 팀이 치른 144경기에 모두 출전했다. 3루수로 $1,262\frac{1}{3}$이닝을 소화해 전 포지션을 통틀어 리그 최다 이닝을 수비했다. 144경기에서 9이닝을 모두 뛰면 총 1,296이닝인데, 그 최대치에서 불과 34이닝이 빠진 초인적 기록이다. 그는 "경기에 나갈 수 있는 것에 항상 감사하고, 항상 최선을 다하려고 한다. 다음 시즌에도 계속, 쉬지 않고 경기에 나가고 싶다"고 했다.

타격에선 전반기에 고전했다. 타율이 0.232까지 떨어졌다. 특히 5~6월엔 슬럼프에 빠져 고개 숙이는 날이 많았다. 노시환은 "솔직히 마음고생을 좀 했다. 스트레스도 많이 받아서 최대한 즐겁게 지내보려고 노력했다"고 털어놨다. 그래도 그간 쌓은 노하우와 특유의 낙천적인 성격으로 반등에 성공했다. 결국 홈런 32개를 때려내 2023년의 31개를 넘어섰다. 김경문 감독은 "노시환의 홈런들은 솔로홈런일 때조차 대부분 경기에 결정적인 영향을 미쳤다. 홈런으로 몇 점을 냈느냐보다 어떤 홈런이었느냐가 더 중요하다"고 치켜세웠다.

실제로 노시환은 전반기에도 종종 홈런으로 존재감을 보여줬다. 5월 2일 광주 KIA전에선 2-2로 맞선 연장 11회 초 좌월 결승 솔로포를 쳤다. 한화의 시즌 20번째 승리와 5연승을 만들어내고, 신인 정우주에게는 데뷔 첫 승리를 안긴 한 방이었다. 7월 4일 고척 키움전도 그랬다. 1-1로 맞선 9회 초 결승 솔로홈런을 터트려 극적인 역전승을 완성했다. 한화 데이터사이언스팀

10kg을 감량하고 캠프에 나타난 노시환

관계자는 "노시환은 초반에 조금 부진할 때도 타구의 질은 꾸준히 좋았다. 리그 상위 1%라 해도 될 만큼 좋은 선수"라며 "수비까지 그렇게 해내면서, 올해 진짜로 팀의 기둥이 된 것 같다"고 했다.

2023년 홈런·타점왕을 수상한 노시환

다시 날개를 편 후반기, 노시환은 또 한 번 상징적인 홈런을 쳤다. 2025년 7월 22일 잠실 두산전. 선발투수 문동주가 6이닝 2피안타 9탈삼진 무실점으로 역투한 날이었다.

포옹하는 문동주와 노시환

"동주야, 오늘 형이 홈런 하나 쳐줄게." 경기 전 문동주에게 이렇게 약속한 노시환은 2회 초 첫 타석에서 잠실구장 한가운데 담장을 넘기는 선제 결승 솔로포를 쏘아올렸다. 타구 비거리가 129m. 참 멀리도 날아갔다.

승리 투수 문동주, 결승 홈런 노시환. 한화는 이날 2-1로 이겨 전반기(12연승)에 이어 두 번째 10연승을 달성했다. 한 팀이 한 시즌에 10연승을 두 번 해낸 건, 1985년의 삼성(13연승·11연승) 이후 40년 만이자 역대 두 번째였다. 문동주는 "10연승을 의식했고, 엄청난 동기부여가 됐다"며 "시환이 형은 역시 약속을 잘 지킨다. 그 덕에 1점을 등에 업고 편하게 던졌다"고 활짝 웃었다.

노시환도 모처럼 무거운 짐을 던져버리고 팀과 함께 환호했다. "4번 타자는 책임감을 느낄 수밖에 없는 자리잖아요. 제가 나이는 어리지만, 그동안 1군 경험을 많이 했기 때문에 '타선을 이끌어야 한다'는 부담감은 어느 정도 가져야 한다고 생각해요. (칭찬도, 비난도) 다 제 몫입니다. 더 잘할게요." 한화가 열심히 키운 노시환이, 진짜 이렇게 잘 자랐다.

두 번째 10연승 뒤 함께 기뻐하는 선수들

2

"딱 3경기만 더 하고 끝내면 안 돼?"

2025년 7월 6일 고척 키움전. 한화가 10−1로 이겼다. 고대하던 전반기 1위가 그날의 승리로 확정됐다. 한화가 정규시즌 전반기 승률 전체 1위에 오른 건, 빙그레 시절이던 1992년 이후 33년 만에 처음이었다. 1993년을 끝으로 사라진 '빙그레'라는 이름이 한 날에도 몇 번씩 소환되던 봄과 여름. 지칠 줄 모르고 계속 이기던 한화의 값진 이정표였다.

겹경사도 찾아왔다. 라이언 와이스가 10승 고지를 밟았다. 6이닝 동안 삼진 11개를 잡아내면서 무실점으로 역투한 결과였다. 에이스 코디 폰세는 이미 2주 전, 10개 구단 투수 중 가장 먼저 10승을 채운 상태였다. 와이스가 빠르게 그 뒤를 따랐다. 한화의 외국인 투수 두 명이 전반기에 동반 10승을 달성한 건 역대 최초의 사건. 시즌 전체로 범위를 넓혀도 2019년 워윅 서폴드(12승)와 채드 벨(11승) 이후 두 번째였다. 폰세는 "사람들이 우리를 '최강 듀오'라고 부르는 걸 안다. 라이언은 야구장 안에서는 투수로 선의의 경쟁을 하고, 야구장 밖에서는 같은 언어로 모든 것을 얘기할 수 있는 친구"라며 자랑스러워했다.

전반기 마지막 3연전, 첫 경기에서 승리 투수가 된 문동주

그래도 아직 샴페인을 터트리기엔 일렀다. 전반기 종료 전 마지막 고비인 KIA와의 홈 3연전이 남아 있었다. 김장백 운영팀장은 "사실 그때 KIA전을 앞두고 다들 많이 긴장했다"고 털어놨다. "한창 KIA가 연승으로 좋은 분위기를 타고 있는데 우리가 딱 맞닥뜨렸잖아요. '이러다 여기서 밀려서 3연패라도 하면 흐름이 바뀔 수도 있는데….' 이런 생각들을 한 것 같아요. 아무리 1위라도 안 좋은 분위기로 전반기를 마치면, 후반기 시작부터 확 다운될 수 있으니까요."

실제로 당시 KIA의 기세는 무시무시했다. 5월 한때 7위까지 내려앉았던 팀이 6월 승률 1위를 내달리면서 4위까지 치고 올라왔다. 마지막 3연전을 앞두고 한화와는 4경기 차, 공동 2위 LG·롯데와는 0.5경기 차였다. 전년도 통합 우승팀의 거센 추격에 한화는 자꾸만 뒤를 돌아보게 됐다. 김경문 감독도 방심을 경계했다. "코치들과 선수들이 잘해줘서 여기까지 왔지만, 아직 좋아할 때는 아니다"라며 "KIA는 그동안 묵묵히 열심히 하던 선수들의 활약 덕에 팀 분위기가 좋아졌다. 우리도 그에 맞서 좋은 경기를 하겠다"고 했다.

7월 8일 첫 경기. 초반부터 엎치락뒤치락했다. 3-3 동점이던 3회 말 1사 만루에서 채은성이 우익선상을 타고 흐르는 싹쓸이 적시 2루타를 쳤다. 맹공의 신호탄이었다. 한화는 선발 타자 전원 안타와 득점을 동시 달성하면서 14-8로 이겼고, 1992년 이후 처음으로 시즌 50승 고지에 선착했다. "뭐만 했다 하면 다 33년 만이고, 21세기 최초네." 한 기자의 농담에 한화 관계자들이 쑥스러워했다. 2024년 7승을 올렸던 문동주는 2025년 전반기를 똑같은 승수로 마쳤다.

7월 9일 두 번째 경기. 2-3으로 끌려가던 4회 말 2사 1·3루에서 최재훈이 역전 좌월 3점 홈런을 터트렸다. 5회 말엔 채은성이 2타점 적시타를 보탰다. 7-4 역전승이었다. 두 번째 투수 조동욱이 $2\frac{1}{3}$이닝 무실점 역투로

1사 만루에서 싹쓸이 2루타를 치고 달려가는 채은성

두 번째 경기 역전 3점포를 치고 환호하는 최재훈

KIA의 추격을 막았고, 김서현은 22번째 세이브로 뒷문을 잠갔다.

7월 10일 마지막 경기. 이번엔 정말 질 것 같았다. 황준서가 6$\frac{1}{3}$이닝 1실점으로 '에이스급' 호투를 했는데도, 8회 초까지 0-2로 끌려갔다. 그러나 한화 타선은 그대로 침묵하지 않았다. 8회 말 1점을 따라붙고, 9회 말 2사 만루 기회를 만들었다. 루이스 리베라토가 밀어내기 볼넷을 골라 2-2 동점. 때마침 '투지의 대명사' 문현빈 타석이 돌아왔다. 그는 2볼-2스트라이크에서 볼 1개를 고르고 파울 4개를 걷어내며 끈질기게 버티더니, 10구째 한가운데로 들어온 직구를 가볍게 잡아당겼다. 우익수 앞에 떨어지는 적시타. 한화의 전반기 최종전이 짜릿한 3-2 끝내기 승리로 마무리됐다. 또 6연승이었다.

'결정적 순간 제조기'로 거듭난 문현빈은 이날도 얼굴이 잔뜩 상기됐다. "정말 꿈만 같은 일들이 계속 벌어지고 있는 것 같아요." 침체됐던 팀을 일으킨 4월 5일 대구 삼성전의 홈런 두 방, 첫 10연승을 완성하던 5월 9일 고척 키움전의 9회 결승포, 역전 드라마의 신호탄을 쐈던 7월 1일 대전

NC전의 결승 스퀴즈번트, 여기에 전반기의 대미를 장식한 끝내기 안타까지. 한화에 잊을 수 없는 순간들을 선물한 그는 "모두 야구하면서 처음 경험해보는 것들"이라며 감격했다.

이보다 화려할 수 없는 전반기의 피날레. 한화 선수들도, 프런트도, 팬들도 모두 정상을 향한 기대감에 한껏 부풀었다. 김 팀장은 "그 3경기를 다 잡고 나서 '됐다. 이제 분위기 탔다. 무조건 가을야구는 하겠다' 싶은 확신이 들었다"고 했다. 늘 평정심을 유지하려 애쓰던 손혁 단장도 이날만큼은 목소리가 상기됐다. "하, 딱 3경기만 더 하고 (전반기가) 끝났으면 좋겠네요." 쉼표를 찍기엔 아쉬운 파죽지세. 한화를 응원하는 모든 이가 같은 마음이었을 것이다.

그렇게 전반기를 마무리한 한화는 올스타 브레이크에 돌입했고, 후반기 첫 경기를 7연승으로 시작했다. 그때 한화는 정말, 누구에게도 질 것 같지 않았다.

폰세와 전반기 10승을 동반 달성한 와이스

시속 160㎞를 던지는 21세 소방수

2025년 3월 29일 대전 KIA전. 3-4로 지고 있던 한화가 8회 말 2점을 뽑아 승부를 뒤집었다. 5-4로 아슬아슬하게 앞선 9회 초, 대전 한화생명

세이브를 올린 김서현과 승리 후의 선수들

슬럼프를 탈출하고 팬들에게 인사하는 김서현

볼파크 외야 불펜 문이 열리고 한화의 새 마무리 투수 김서현이 달려나왔다. 그는 긴장한 듯 첫 타자를 볼넷으로 내보냈지만, 더는 흔들리지 않았다. 삼진-유격수 땅볼-유격수 땅볼. 시즌 첫 세이브를 신고했다. 대전 새 구장의 역사적인 1호 세이브가 김서현의 손에서 나왔다.

불과 일주일 전, 한화의 소방수는 주현상이었다. 2024년 23세이브로 역대 팀 우완 최다 세이브 기록을 세운 마무리 투수. 굳이 다른 투수로 바꿀 이유가 없었다. 2025시즌이 문을 열기 전까지는 그랬다. 주현상은 첫 3경기에서 눈에 띄게 흔들렸다. KT와의 개막전에서 솔로 홈런을 내줘 1점 차 진땀 세이브를 올렸다. 이튿날엔 연장 11회 말 끝내기 안타를 맞았다. 컨디션 점검차 6회 등판했던 3월 26일 잠실 LG전에서도 2실점. 한화는 연패 중이라 눈앞의 1승, 1승이 간절했다. 그의 회복을 기다릴 여유가 없었다. 3월 27일, 김경문 감독은 빠르게 결단했다. “지금부터 마무리 투수는 김서현에게 맡기려고 합니다.” 그렇게 한화에 시속 160㎞를 던지는 젊은 소방수가 탄생했다.

김서현은 어릴 때부터 공이 빨랐다. 중학교 2학년 때 이미 시속 140㎞에 도달했고, 3학년 때는 시속 148㎞까지 찍었다. "처음엔 제 공이 얼마나 빠른 건지 잘 몰라서 기사가 나와도 '진짠가?' 했거든요. 그런데 중3 때 또래 타자들이 타이밍을 못 잡는 걸 보고 '아, 내 공이 빠르긴 한가 보다' 싶은 생각이 들기 시작했어요."

투수에게 시속 160㎞란, 노력만으로는 도달하기 힘든 '재능'의 영역이다. 양상문 투수코치는 "김서현은 강속구를 던지는 데 최적화된 신체조건을 타고났다"고 했다. 실제로 김서현은 초등학교 6학년 때 이미 키가 178㎝까지 자랐다. 지금 키는 188㎝이다. 그는 "어릴 때 키 때문에 배구부 영입 제의도 왔는데, 야구가 더 재밌어서 야구부에 남았다"고 했다. 웨이트트레이닝을 중1 때부터 일찍 시작한 것도 비결이다. "자양중에 입학하자마자 투수코치님이 '앞으로 웨이트만 잘하면 진짜 빠른 공을 던질 수 있을 것 같다'고 과학적으로 설명해주셨어요. 그때부터 차근차근 몸을 만들면서 공이 급격하게 빨라졌어요."

첫 세이브를 올린 김서현과 그 공을 받은 포수 이재원

문동주와 김서현

2023년 신인 드래프트 전체 1순위 지명, 계약금 5억 원. 화려하게 프로 생활을 시작했지만, 첫 2년은 제구 문제로 어려움을 겪었다. 첫 시즌 20경기에서 1세이브, 평균자책점 7.25를 기록했다. 2024년에도 시즌 초반에는 2군에 머물면서 끊임없이 투구 폼과 팔 각도를 수정했다. 그런데 시즌 도중 한화 지휘봉을 잡은 김경문 감독이 "밥이나 한 끼 먹자"며 김서현을 호출했다. 특별 면담.

김 감독은 잔뜩 기가 죽은 김서현에게 "지금 너의 문제점이 뭐냐"고 물었다. "일정한 투구 폼을 못 찾은 게 문제인 것 같습니다." "그래? 그럼 투구 폼에 너무 신경 쓰지 말고, 그냥 자신 있게 던져라. 우리 모두 너에게 기대가 크다." 그 후 김서현은 1군에 합류해 양상문 투수코치의 집중 관리를 받았다. 믿음을 얻자 여유가 생겼고, 여유가 생기자 자신감이 붙었다. "가장 힘들어하던 시기에 두 분이 오셔서 기회를 많이 주신 거예요. 그만큼 더 열심히 던져야겠다는 마음으로 경기에 나갔죠." 2024년 37경기 성적은 1승 2패, 10홀드, 평균자책점 3.76. 김서현이 조금씩 궤도에 오르기 시작했다.

2025년 올스타전에 출전한 한화 소속 선수들

3년 차가 된 2025년, 그는 마침내 '천직'을 찾았다. 젊은 강속구 투수들은 대부분 선발을 꿈꾸는데, 김서현은 고교 때부터 마무리 투수가 좋았다. 위기 상황에 올라가 무사히 실점을 막아내면, "온몸에 에너지가 올라오는 기분"이 들었다. "학창시절부터 늘 선발보다는 중간으로 많이 나갔어요. 그리고 저는 경기에 자주 나가는 걸 좋아해서 선발보다 불펜이 체질에 맞아요." 원하던 자리에 오르자 구위도 더 좋아졌다. 한 달간 13경기 연속 무실점 행진. 양 코치는 "마무리 투수 자리가 부담도 될 텐데, 그걸 넘어 '내가 해야 한다, 할 수 있다'는 마음으로 던지는 게 몸으로 다 나타난다"고 흐뭇해했다.

첫 고비는 4월 25일 대전 KT전이었다. 1-1에서 9회 초 등판했다가 결승점을 내줬다. 평균자책점 '0'도 깨졌다. 그래도 김서현은 금세 일어섰다. 바로 다음 날인 4월 26일, 2-1로 앞선 9회 초 마운드에 올라 1이닝을 2탈삼진 퍼펙트로 막았다. 2003년생 문동주가 승리를 따내고 2004년생 김서

김서현과 폰세

현이 세이브를 올린 최초의 경기. 한화가 고대했던 그 장면이 마침내 실현됐다. "언젠가는 꼭 동주 형의 승리를 지켜주고 싶었다"던 김서현의 바람도 이뤄졌다. 그날 이후 둘은 5월 20일 울산 NC전, 6월 26일 대구 삼성전, 7월 22일 잠실 두산전, 8월 10일 잠실 LG전, 8월 27일 고척 키움전, 9월 6일 대구 삼성전에서 연거푸 승리와 세이브를 합작했다.

전반기가 끝나갈 때쯤엔 믿기 힘든 기쁨도 찾아왔다. 2025년 KBO 올스타 베스트12 팬 투표에서 10개 구단 전체 선수 중 가장 많은 표를 얻었다. 2024년엔 2군 올스타전 마운드에 섰던 그가 1년 뒤 1군 올스타전 최다 득표 선수로 등극했다. "왜 제가 1등이 됐는지는 잘 모르겠어요. 그래도 작년보다는 야구를 좀 잘하고 있어서 그런가…. 어쨌든 저도 팬 투표 1위고, 팀도 전반기 1위라서 더 기쁘고 영광이에요." 그는 진심으로 뿌듯해했다.

두 번째 고비는 한창 무더위가 기승을 부리던 8월 초 찾아왔다. 8월 5일 대전 KT전부터 10일 잠실 LG전까지, 일주일 사이 4경기에서 무려 8점을 내줬다. 5-1에서 등판했다가 5-4 추격을 허용하기도 하고, 연장 10회 말 끝내기 안타를 맞기도 했다. 소방수 전환 후 가장 큰 풍파였다.

8월 12일 대전 롯데전의 시즌 26번째 세이브는, 그래서 김서현에게 더 큰 의미가 있었다. "나 자신을 자꾸 의심했다"던 그가 짧고 굵은 슬럼프를 털어내고 비로소 웃음을 되찾았다. 김서현은 경기가 2-0 승리로 무사히 끝난 뒤, 1루 쪽 관중석을 향해 90도로 몸을 숙인 채 잠시 정지했다. 곧바로 몸을 일으키지 않은 이유를 묻자 그는 이렇게 답했다.

"마지막 아웃카운트는 제가 잡은 게 아니라, '팬분들 응원의 힘으로 나온 게 아닌가'라는 생각이 문득 들었어요. 그래서 평소보다 조금 더 오래 고개를 숙이고 있었던 것 같아요." 그렇게 다시 일어선 한화의 마무리 투수는 9월 6일 대구 삼성전에서 팀 오른손 투수 최초로 30세이브 고지에 올랐다. 정규시즌이 끝날 때까지, 그가 지켜낸 한화의 승리는 총 33번이었다.

불펜에서 달려나오는 김서현

에스테반 플로리얼은 워크 에식(work ethic)이 좋은 선수였다. 야구를 대하는 진지한 태도, 프로다운 훈련 방식과 생활 습관, 신사적인 예의와 매너를 모두 갖췄다. 구단 관계자들과의 식사 자리에 셔츠를 갖춰 입고 나와 손혁 단장을 놀라게 한 적도 있다. 한화 선수들은 입을 모아 그를 "좋은

홈런을 치고 기뻐하는 플로리얼

리베라토의 선수단 상견례

동료"라고 칭찬했다. 손 단장은 "내가 본 남미 출신 선수 중 가장 고급 영어를 구사했던 친구"며 "정말 '사람'으로는 그동안 본 외국인 선수 중 1등이었다. 공항에서 폰세, 와이스, 플로리얼과 함께 사진을 찍으면서 '셋 다 이대로 시즌 끝까지 함께 갔으면 좋겠다'는 얘기도 했다"고 떠올렸다.

플로리얼은 출발이 더뎠다. 시즌 첫 4경기에서 침묵했고, 21타석 만에 간신히 첫 안타를 신고했다. 수비와 주력은 듣던 대로 수준급인데, 타격 페이스가 좀처럼 올라오지 않았다. 다행히 정규시즌이 4월을 지나 5월로 향하는 동안, 그는 서서히 준수한 리드오프로 자리를 잡아갔다. 한화가 1~2위를 오가며 잘나가고 있었으니, 조금 부진할 때도 티가 많이 나지 않았다. 5월 중순부터는 타격감이 눈에 띄게 좋아졌고, 6월 초까지 계속 순조로운 흐름을 탔다. 6월 8일 광주 KIA전에서도 2루타 포함 2안타에 희생플라이까지 때려내면서 3타점을 올렸다.

문제는 그날 그 경기, 마지막 타석이었다. 연장 10회 초 여섯 번째 타석에 섰다가 투구에 오른손을 세게 맞았다. 자기공명영상(MRI) 검진 결과

새끼손가락에 뼛조각이 발견됐다. 플로리얼은 "많이 아프지 않다. 대주자로라도 뛰겠다"며 투혼을 보였지만, 통증은 쉽게 가라앉지 않았다. 한화는 부랴부랴 영입 후보 리스트에 올려놨던 외야수 한 명을 호출했다. 멕시코리그에서 뛰던 루이스 리베라토였다.

리베라토는 1년 전의 와이스처럼 '6주 단기 대체 외국인 선수'로 한국에 왔다. 2025년 홈런·타점왕인 르윈 디아즈(삼성)도 한국에 오기 직전 멕시코리그에서 뛰었는데, 그때 그의 성적과 리베라토의 직전 성적이 비슷해 믿음이 갔다. 한화는 리베라토가 하루라도 빨리 한국에서 뛸 수 있도록, 영입을 발표하기도 전에 비자 발급부터 신청했다. 전광석화 같은 행보였다.

6주 뒤 정식 계약 혹은 출국. 갈림길에 선 리베라토의 첫 경기는 6월 22일 대전 키움전이었다. 그는 첫 단추를 잘 끼웠다. 2루타 포함 3안타를 쳤다. 화려한 데뷔. 공교롭게도 첫 20타석 연속 무안타였던 플로리얼과

첫 홈런을 역전 결승 3점포로 장식한 리베라토

리베라토의 세리머니

더 대비됐다. 한화 에이스 폰세는 이날 최고 시속 159㎞를 찍으면서 1패도 없이 시즌 10승 고지를 밟았다. 리베라토는 "첫 경기부터 한화에서 '강팀의 기운'을 느꼈다"고 했다. 세 번째 경기였던 6월 26일 대구 삼성전. 그는 0-1로 뒤진 6회 초 2사 1·2루에서 좌전 안타를 날렸다. 이 공을 삼성 좌익수가 뒤로 빠트리면서 주자 둘이 모두 득점했다. 2-1 역전. 문동주가 리베라토 덕에 승리 투수가 됐다.

첫 홈런도 인상적이었다. 6월 28일 인천 SSG전. 리베라토는 0-1로 끌려가던 6회 초 1사 1·3루에서 역전 3점 홈런을 터트렸다. 상대 에이스 드류 앤더슨을 상대로, KBO리그 5경기 만에 홈런까지 쳤다. LG에 승률 8리 차로 뒤져 있던 한화는 리베라토의 결승포로 하루 만에 1위 자리를 되찾아왔다. 김경문 감독은 "홈런이든, 타점이든 어떤 장면에 나왔는지가 중요하다. 리베라토는 계속 팀에 승리를 가져다주는 타점을 올리고 있다"며 "처음 만난 투수들을 상대로도 잘 칠 수 있는 기술을 갖고 있는 것 같다"고 흐뭇해했다.

실제로 리베라토의 지인들 중 KBO리그를 경험해 본 몇몇 선수가 "너는 공을 (배트에) 잘 맞히는 유형이라 한국 야구 스타일에 잘 맞을 것"이라며 한국행을 추천했다는 후문이다. 리베라토는 "솔직히 계약 당시엔 6주라는 기간 때문에 고민했다. 그러나 제안받은 타이밍이 좋았고, 한화가 상위권 팀이라 더 오고 싶었다"며 "이제는 6주 동안 모든 타석에서 최선을 다하겠다는 생각만 한다"고 했다.

폰세와 리베라토

그와 동시에 한화의 고민도 본격적으로 시작됐다. 플로리얼이냐, 리베라토냐. 플로리얼은 성적이 리그 정상급은 아니었지만, 전 구단을 상대로 최소 6경기 이상 출전하면서 65경기에서 285타석의 경험을 쌓은 상태였다. 리베라토는 7월 16일까지 15경기·68타석에서 5개 팀(삼성·SSG·KIA·키움·NC)을 만나본 게 전부였지만, 인플레이 타구 타율(BABIP)이 5할에 육박할 정도로 연일 강한 임팩트를 남기고 있었다.

손 단장은 현장과 프런트의 의견을 두루 들어보면서 심사숙고했다. "리베라토의 성적이 워낙 좋긴 했지만, 초반의 '반짝 활약'이 아닐지 검증이 필요하잖아요. 그리고 플로리얼은 한 바퀴를 다 돌았지만, 리베라토는 그렇지 않은 것도 마음에 걸렸고. 나중에 리베라토의 BABIP이 정상 수준으로 떨어질 때 처음 보는 투수들을 계속 만나면, 그게 맞물려서 정작 중요한 시기에 '헤매는 거' 아닐지, 그런 고민을 한 거죠."

홈런을 치고 기뻐하는 리베라토

그러나 리베라토에게는 분명 소위 '쉿복'이 따랐다. 한화에 고비가 닥쳤을 때, 결정적인 활약으로 승기를 가져온 공을 외면하긴 어려웠다. "오자마자 잘해서 실력을 보여준 거, 그건 진짜 본인의 운인 거죠. 계약해야죠." 리베라토의 6주 계약 만료일은 7월 25일이었지만, 한화는 이보다 6일 빠른 7월 19일에 리베라토와의 정식 계약을 발표했다. 김 감독은 "한쪽은 기다리고 있고, 한쪽도 불안해한다. 빨리 결정해주는 게 모두에게 좋은 일"이라고 했다.

나중에 알고 보니, 이미 기분 좋은 우연이 하나 겹쳤다. 한화가 와이스와의 6주 계약을 발표한 날짜가 2024년 6월 17일인데, 리베라토가 꼭 1년 뒤 같은 날에 한화 유니폼을 처음 입게 됐다. 일부러 그런 건가 했는데, 한화 PR팀 관계자는 "구단도 전혀 의식하지 못했다. 팬들이 발견한 걸 보고 우리도 신기해했다"고 귀띔했다.

한화 팬들은 리베라토가 맹활약하자 그의 초성 'ㄹㅂㄹㅌ'를 응용해 '러브레터'라는 별명을 붙여줬다. '리트리버'나 '리베로또' 같은 여러 별명이 탄생했지만, 그는 "단연 '러브레터'가 마음에 든다. 단어의 의미 자체가 '사랑을 담은 편지' 아닌가"라며 행복하게 웃었다. 리베라토가 쓴 러브레터는 그렇게 수시로 한화 팬의 심장을 두드렸다. 유년 시절 파일럿을 꿈꿨던 리베라토는 비행기 대신 독수리 날개에 올라타 대전 하늘을 날기 시작했다.

5

손아섭이 왔다, 노시환이 살아났다

손아섭의 한화 이적이 발표된 날은 7월 31일. 2025시즌 트레이드 마감일이었다. 그전까지 거의 한 달간 야구계에는 "한화발 대형 트레이드가 성사될 것"이라는 소문이 파다했다. 우승에 도전하는 한화가 포스트시즌을 대비해 취약 포지션인 외야 보강에 적극 나설 거라는 얘기였다.

결정적 득점에 성공한 노시환

낭설은 아니었다. 한화는 그 기간 분주하게 여러 팀과 다각도 트레이드를 논의했다. 그 과정에서 각 팀 A급 외야수들이 여럿 거론됐다. 한화가 문을 두드린 구단도 있었고, 먼저 트레이드를 문의한 구단도 있었다. 서로 이름만 꺼내봤다가 "그렇게는 못 바꾼다"며 곧바로 접은 카드도 있었고, 성사 직전까지 갔다가 뜻밖의 변수로 틀어진 카드도 있었다. 참으로 다양한 선수가 한여름 한화의 트레이드 테이블 위에 오르내렸다. 문제는 거의 모든 팀이 원했던 선수를 한화도 절대 내줄 수 없었다는 것. 한화로선 아랫돌 빼서 윗돌 괴는 격인데, 어렵게 모아놓은 보석함 뚜껑을 쉽게 열 순 없었다. 손혁 단장은 "어떻게든 한 명은 트레이드로 데려오려고 진짜 노력을 많이 했다"면서도 "지킬 선수는 지켜야 하지 않나"라고 토로했다.

그렇게 트레이드 시장의 문이 닫히려는 순간, NC와 극적인 합의가 이뤄졌다. 손아섭을 데려오면서 한화가 NC에 내준 건, 현금 3억 원과 2026년 신인 드래프트 3라운드 지명권. 당장의 선수 출혈 없이, KBO리그 역대 최다 안타를 친 베테랑 타자를 영입한 것이다. 손 단장은 "손아섭은 능력도 검증됐고, 경험도 많은 타자다. 가을야구 경기가 딱 시작됐는데 타석에서 노련한 1번 타자 손아섭이 노려보고 있다? 그러면 상대 선발투수 입장에선 부담이 될 것 같았다"고 설명했다.

루틴 정립에 힘쓰는 노시환

노시환과 장난스러운 포즈를 연출하는 손아섭

젊은 선수가 많은 한화에서, 손아섭이 좋은 본보기가 될 거라는 생각도 했다. 손 단장은 "손아섭이 야구장에 엄청 일찍 나온다더라. 경기 전까지 준비하는 루틴도 너무 좋아서 선수들이 사우나부터 졸졸 따라다닌다고, 선수단 매니저나 직원들이 전해줬다"고 귀띔했다. 이지풍 트레이닝 코치의 증언도 그랬다. 어느 날 손아섭이 이 코치를 붙잡고 이렇게 물었다. "형님, 여기 오니까 젊은 친구들이 저한테 질문을 너무 많이 합니다. 제가 어떻게 대답을 해줘야 하죠?" 내용은 분명 하소연인데, 그는 왠지 흐뭇해 보였다. 이 코치는 "여기 감독님, 코치님들 다 계시니 기술적인 얘기는 할 필요 없다. 대신 네가 야구를 대하는 자세가 어떤지, 평소 몸을 어떻게 관리하고 투자하는지, 그런 걸 잘 가르쳐주면 된다"고 조언했다. 실제로 손아섭과 공식 프로필 신장(174cm)이 같은 문현빈은 "선배님께 배팅 훈련 때의 루틴과 타석에서의 대처 방법을 자주 여쭤봤다"며 "체력이 떨어지면 기술도 유지되지 않으니, 체력 관리에 첫 번째로 집중하라는 얘기를 해주셔서 새겨듣고 있다"고 했다.

이 코치는 "좋은 선배가 환경을 바꾼다"고 단언했다. "채은성이 와서 달라지고, 류현진이 와서 더 달라지고, 손아섭이 와서 또 더 달라지고, 그러면서 팀에 '고비가 와도 흔들리지 않는 힘'이 생겼다"는 것이다. "제가 아무리 선수들한테 '라면이랑 햄버거 먹지 마. 몸에 안 좋잖아' 해도, 선수들이 그걸 몰라서 먹는 게 아니거든요. 다 아는데도 맛있으니까 먹는 거지. 그런데 손아섭 같은 선배가 '야, 이런 건 안 돼' 하면서 안 사주고 몸에 좋은 다른 음식을 사주면서 먹으라고 하면, 후배들도 자연스럽게 달라지는 거예요."

그중에서도 손아섭 영입 효과를 가장 크게 본 선수는 4번 타자 노시환이다. 부산이 고향인 손아섭과 노시환은 12세 차가 나는데도 이전부터 가깝게 지냈다. 노시환의 경남고 후배 최준용(롯데)의 소개로 알게 됐다가 친형제 같은 친분을 쌓았다. 손아섭이 한화에 온 뒤 둘은 함께 점심을 먹고 야구장에 출근하는 루틴이 생겼다. 노시환은 "선배님이 오셔서 너무 재미있고, 정신적 지주가 생긴 느낌"이라며 "서로 야구가 안 될 때 옆에서 웃겨주는 사이이다. '선배'라기보다 '친형' 같은 마음으로 대한다"고 했다. 김장백 운영팀장도 그런 노시환의 변화를 눈치챘다. "시환이가 전반기에 좀 힘들었는데, 손아섭이 오고 나서 편하게 기댈 사람이 생긴 것 같다"며 "팀 내에

결정적 득점에 성공한 손아섭

좋은 선배가 많지만, 야구장 바깥에서 같이 시간을 보내면서 스트레스 얘기도 나눌 사람이 하나 있는 것도 무척 중요하다. 아섭이가 시환이에게 그런 존재가 됐다"고 했다.

후반기에 야구가 훨씬 잘 된 노시환은 9월의 어느 날 손 단장에게 감사 인사를 담은 메시지를 보냈다. "단장님, 아섭이 형을 데려와 주셔서 고맙습니다." 그 안에는 손아섭 영입 전과 후, 노시환의 성적이 어떻게 달라졌는지 상세히 적혀 있었다. 손 단장이 "어쩐지 아섭이가 온 뒤 시환이 얼굴이 부쩍 밝아진 것 같았다"며 껄껄 웃었다. 이 정도 '미담'이면 직접 "형, 내가 이렇게까지 했다"고 생색을 낼 법도 한데, 이 얘기를 전해들은 손아섭은 "정말 몰랐다"며 얼떨떨한 표정으로 노시환을 바라봤다. 쑥스러워하는 노시환에게 '왜 본인이 얘기하지 않았냐'고 물었더니, 그는 그저 씩 웃었다. "에이, 남자들끼리 뭘 그런 걸 일일이 얘기하고 그래요?" 어차피 진심이 통하는 사이라는 것이다.

함께 있어 즐거운 손아섭과 노시환

이심전심인 둘은 1위 경쟁자였던 LG와의 경기 때, 나란히 타격이 아닌 '주루'로 결정적인 장면을 만들어내기도 했다. 먼저 손아섭이 나섰다. 8월 10일 잠실. 2-2로 맞선 7회 초였다. 무사 1루에서 손아섭이 끈질긴 10구 승부 끝에 볼넷을 얻어냈다. 폭투와 희생플라이가 이어지면서 3-2. 계속된 1사 2·3루 추가 득점 기회에서 다음 타자 문현빈의 땅볼 타구가 1루 쪽으로 향했다.

공을 잡은 1루수는 3루 주자 손아섭의 득점을 막기 위해 홈으로 송구했다. 타이밍상 여유 있는 아웃이 될 거로 보였다. 그런데 이때 손아섭이 포수에게 가까운 왼팔을 접고, 오른팔을 재빨리 홈플레이트로 쭉 뻗어 절묘하게 태그를 피했다. 그림 같은 세이프. LG가 비디오 판독을 신청해봤지만, 판정은 번복되지 않았다. 경기 흐름이 한화 쪽으로 완전히 넘어왔다. 손아섭은 "몸이 그냥 본능적으로 반응했다. 왼손으로 들어가려고 했는데 미트에 공이 들어오는 게 보이길래, 그냥 오른손부터 밀어넣었다"고 뿌듯해했다.

다음은 노시환 차례였다. 9월 26일 대전. 한화가 0-1로 뒤진 7회 말 1사 2·3루에서 하주석의 기습 번트가 투수 정면으로 굴러갔다. 3루 주자였던 노시환은 3루와 홈 사이에 갇혔다. 그는 체념한 듯 홈 쪽으로 터덜터덜 걸어가는 척하더니, 상대 포수가 태그하려고 접근하자 갑자기 빠르게 몸을 틀면서 홈플레이트로 내달렸다. 노시환의 계획된 연기였다. 주심은 포수 미트가 노시환의 몸에 닿는 장면을 보고 아웃 판정을 내렸지만, 노시환은 두 팔을 벌려 "세이프!"를 주장했다.

비디오 판독 결과는 득점 성공. 당황한 상대 포수가 공을 다른 손에 쥔 채 이른바 '빈 글러브 태그'를 한 사실이 영상으로 확인됐다. 이날 선발투수였던 류현진이 "포기하지 않았으면서 포기한 척했던 연기력이 좋았다"고 호평한, 재치 있는 플레이였다. 한화는 그렇게 1-1 동점을 만들었고,

연속 적시타로 4-1 역전에 성공했다. 노시환은 "그냥 태그당하고 나갈 것처럼 방심을 유도한 다음, 계획한 대로 딱 연기를 했다"며 "끝내기 홈런보다 더 기뻤다. 세이프가 선언된 순간, 더그아웃이 뒤집어졌다"고 싱글벙글 웃었다.

그런 노시환에게 누군가 "손아섭의 홈 슬라이딩이 생각나는 장면이었다"고 지적했다. 그는 짐짓 억울한 표정을 지었다. "에이, 제가 한 게 더 뛰어나죠. 그것도 결정적이긴 했는데, 저는 표정 연기까지 들어갔으니까." 이 얘기를 들은 손아섭은 곧바로 반격했다. "저는 제가 '기술적으로' 잘한 거고, 시환이 건 상대가 방심해서 나온 실수 아닙니까. 야구적으로는 제 것에 비할 수 없죠." 그렇게 서로를 깎아내리는(?) 둘의 표정이 진심으로 즐거워 보였다.

한화에 찾아온 진짜 '우주'

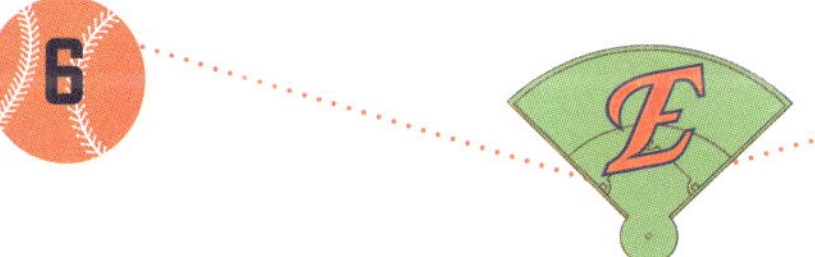

2024년 11월, 미야자키 마무리 캠프에서 만난 김경문 감독의 한마디가 기억난다. 직전 시즌은 아쉽게 끝났고, 다음 시즌의 희망을 키우던 시기. 모두 덕담을 주고받는 와중에, 누군가 "이제 한화에도 '우주의 기운'이 올 때가 됐다"고 했다. 김 감독은 흐뭇하게 웃으며 말했다. "그래. 우리 팀에 진짜 '우주'도 왔잖아." 2025년 신인 드래프트에서 한화가 전체 2순위로 뽑은, 투수 정우주 얘기였다.

정민철과 정우주의 레거시 유니폼 화보

정우주는 문동주·김서현·황준서처럼, 한화가 오랜 기간 최하위권에 머물면

정우주의 9구 3K에 난리가 난 더그아웃

서 눈물로 얻어낸 씨앗이었다. 2025년 3월, 멜버른 스프링캠프에서 최고 시속 155㎞ 강속구를 뿌리는 정우주를 보고 류현진은 흐뭇하게 웃었다. “저 나이 때는 그냥 씩씩하게 자기 공만 던지면 되는데, 우주도 씩씩해요. 신인 때의 나처럼.” 양상문 투수코치도 정우주를 인상적으로 봤다. “엄청 세게 던지는 것 같지도 않고, 체격도 그리 크지 않은데, 시속 150㎞가 쉽게 나와. 기본적으로 공을 때리는 감각을 타고난 것 같아요.” 그렇게 모두의 시선을 사로잡은 정우주는 프로 첫 시즌인 2025년을 1군에서 풀타임으로 보냈다. 그가 1군에 없었던 날은 6월 11일부터 7월 7일까지, 딱 27일이 전부다.

한화가 한창 외야수 영입 트레이드를 시도할 때, 다른 팀들이 가장 많이 눈독 들였던 선수도 정우주였다. 손 단장은 “솔직히 정우주 이름은 딱 한 팀만 빼고 모든 팀에서 나왔다. 우리 입장에선 진짜 탐나는 선수와 바꾸자는 팀도 있었다”고 털어놨다. 그래도 결론은 하나. “우주는 우리가 데리고 있어야죠. 우주는 지켜야지.”

이유는 확실했다. 하늘이 내린 직구. 정우주는 아직 리그 최고 투수가 아니지만, 정우주의 '직구'는 벌써 리그 최고 수준이다. 투수가 던지는 모든 공은 물리학적으로 아래로 떨어질 수밖에 없는데, 정우주의 하이 패스트볼은 일반적인 직구보다 훨씬 수직에 가까운 궤적을 그린다. 다른 투수들의 직구에 익숙해진 타자들은 정우주를 상대할 때 "눈앞에서 공이 솟아오르는 느낌"을 받을 수밖에 없다. 손 단장은 "저런 직구는 배운다고 던질 수 있는 공이 아니다. 진짜 타고났다"고 했다. 멘털도 비범하다. 늘 긍정적이고, 강심장이다. 양상문 투수코치는 정우주를 두고 '실패를 해도 되는 투수'라고 했다. "생긴 건 순해 보이는데, 기본적으로 정신력이 강해요. 나이에 비해 속도 깊고. 한 번 실패를 하더라도, 거기서 뭔가 배우고 더 좋아질 수 있는 선수예요. 이겨낼 수 있는 힘이 있어요."

포효하는 정우주

'슈퍼 루키' 정우주의 하이라이트는 8월 28일 고척 키움전에서 찾아왔다. 그 유명한 '무결점 이닝' 경기다. 그는 한화가 8-3으로 앞선 7회 말 무사 1·2루에서 마운드에 올라 키움 3~5번 타자를 잇달아 3구 삼진으로 돌려세웠다. KBO리그 역대 11번째 한 이닝 최소 투구(9구) 3탈삼진 기록. 신인으로는 역대 두 번째였고, 주자가 있는 상황에서 나온 건 역대 최초였다.

무시무시했다. 공 9개가 모두 직구였다. 최고 시속 153㎞, 평균 시속 152㎞. 키움 타자들은 정우주가 직구를 던질 거라는 걸 알면서도 연거푸 헛스윙했다. 첫 삼진 때는 '와' 하는 탄성이 나왔다. 두 번째 삼진 때는 '이거 뭐야?' 하며 술렁였다. 세 번째 삼진 때는 기립 박수가 터졌다. 이날 선발투수 폰세를 보러 고척돔에 집결했던 메이저리그 11개 구단 스카우트들이 일순간 시선을 집중하고 정우주의 투구를 즐겼다. 정우주는 "두 번째 삼진까지는 별생각 못 했는데, 마지막 공을 던지기 전에 갑자기 '앗!'

선발 등판한 날 애국가를 듣는 정우주의 뒷모습

하면서 깨달았다. 그때만 유일하게 삼진을 의식했다"며 "팬들이 엄청 크게 이름을 외쳐주셔서, 첫 등판 때가 생각나 가슴이 벅찼다"고 했다.

그날 정우주의 공을 받은 포수 이재원은 덩달아 흥분을 감추지 못했다. "심판분이랑 '와' 소리만 아홉 번 하다가 이닝이 끝났어요." 프로 20년 차 베테랑 포수가 "지금껏 내가 받아본 직구 중에 최고였다. 정말 말도 안 되는 공이었다"며 "은퇴하기 전에 이런 공을 받을 수 있어서 영광"이라고 했다. 더할 나위 없는 찬사였다. 더그아웃으로 돌아온 정우주가 선배들의 찬사 속에 활짝 웃고 있을 때, 김경문 감독이 다가왔다. "지난번에 잘 못 던진 너나, 오늘 잘 던진 너나, 둘 다 똑같은 정우주다. 그때와 오늘이 뭐가 달랐는지 한번 잘 생각해봐라. 오늘 정말 잘했다." 정우주는 그 말을 마음 깊이 새겼다.

정우주는 그 후에도 성장을 멈추지 않았다. 9월 3일 대전 NC전. 그는 5-5 동점이던 연장 10회 초 마운드에 올랐다. 1사 후 김주원 타석. 초구

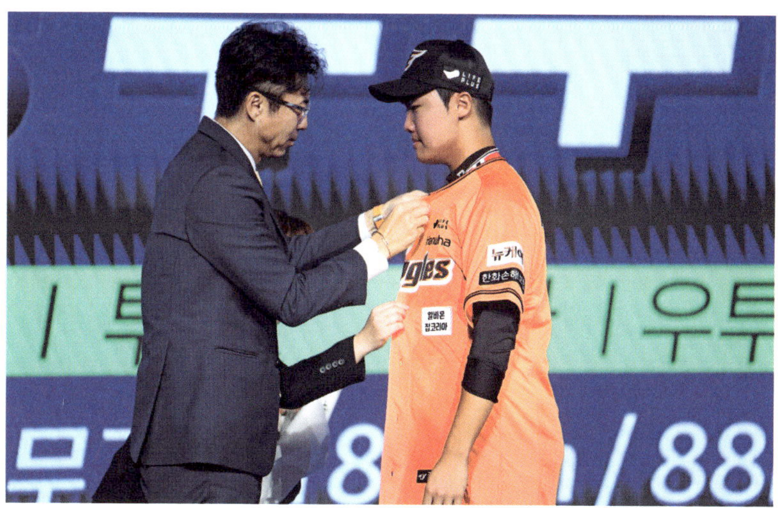

손혁 단장과 정우주

프로 첫 스프링캠프에서 훈련에 집중하는 정우주

슬라이더로 헛스윙 스트라이크를 잡았는데, 그 순간 폭우가 쏟아져 경기가 중단됐다. 이제 막 공 5개를 던진 정우주는 42분 동안 조용히 더그아웃에 앉아 집중력을 유지했다. 경기가 재개된 뒤에는 곧바로 커브를 던져 다시 헛스윙을 유도했다. 삼자범퇴. 정우주의 1이닝이 50분 만에 퍼펙트로 끝났다. 한화는 10회 말 황영묵의 적시타로 끝내기 승리를 거뒀고, 정우주는 승리투수가 됐다.

그리고 대망의 9월 29일이 왔다. 정우주가 '우주의 기운'으로 한화를 지킨 날이다. 1위 LG와 2위 한화의 정규시즌 마지막 맞대결. 한화는 원래 에이스 폰세를 선발투수로 내보내려 했다. 그러나 경기 예정일이었던 28일, 폭우로 경기가 1시간 넘게 지연되다 결국 하루 미뤄졌다. 이미 불펜 피칭까지 등판 전 루틴을 모두 소화한 폰세가 29일 등판에 난색을 보였다. 그 중책이 신인 정우주에게 돌아왔다. 정우주는 "너무 중요한 경기라는 걸 알아서, 많이 떨리고 긴장했다. 잠도 잘 못 잤다"고 토로했다.

그래도 그는 이겨냈다. $3\frac{1}{3}$이닝 1피안타 3탈삼진 무실점. 미리 정해놓은 투구 수 50개 안에서 해낼 수 있는 최선의 피칭을 하고 당당하게 마운드를 내려왔다. 막내가 무너지지 않으니 타선도 힘을 냈다. '한화 킬러'로 군림하던 LG 선발 임찬규를 상대로 5점을 뽑았다. LG는 끝내 정규시즌 우승 매직 넘버 '1'을 지우지 못하고 다시 서울로 올라갔다. 정우주는 "폰세가 '나 때문에 갑자기 나가게 돼 미안하다'고 계속 걱정했는데, 이렇게 좋은 결과가 나오니까 '고맙다'고 인사해줬다"며 배시시 웃었다.

정민철은 2025년 3월 정우주와의 첫 만남을 또렷이 기억한다. 둘은 이글스 창단 40주년 기념으로 출시된 레거시 유니폼을 입고 함께 화보를 찍었다. 정민철의 장남 우영보다 두 살 어린 정우주는 그 기회를 놓치지 않았다. "선배님, 커브는 어떻게 던져야 합니까?" 정민철은 당찬 그 모습이 너무 귀여워서 웃음이 났다. 둘은 그 후 종종 조언과 응원을 주고받았고, 정민철은 하루가 다르게 성장하는 정우주의 진화에 새삼 감탄했다. "우주가 이제 비로소 자신이 어느 정도 수준의 투수인지 깨닫게 된 것 같아. '그

2006년 데뷔한 포수 이재원과 2006년생 정우주

걸 알고 있는 선수의 얼굴'로 공을 던지더라고. 분명 곧 올스타 투수가 될 거야. 오래 안 걸려요."

정우주를 향한 확신은 가을에 더 굳어졌다. 삼성과의 플레이오프 4차전. 잠시 불펜으로 투입된 선배 문동주 대신, 정우주가 선발 중책을 맡았다. 문동주는 하루 전 이렇게 말했다. "우주는 신인이지만, 삼진율(정규시즌 53$\frac{2}{3}$이닝 82탈삼진)이 엄청 높거든요. 그 기록이 얼마나 대단한 건지 본인이 알고 마운드에 올라갔으면 좋겠어요. 타자들은 그렇게 삼진 많이 잡는 투수를 상대할 때, 쉬운 마음으로 타석에 들어가지 않아요. 자신이 우위에 있다는 생각으로 던지면 됩니다."

정우주는 실제로 그렇게 했고, 다시 3$\frac{1}{3}$이닝 5탈삼진 무실점으로 '땜질 선발' 그 이상의 호투를 선사했다. 그의 등장곡 가사처럼, '눈부심을 잃지 않는' 투구였다. 그는 마운드를 내려올 때, 관중석을 뒤덮은 주황색 우비 물결을 바라보며 "살짝 울컥했다"고 했다. "저도 동주 형처럼 멋있게 포효를 좀 하고 싶은데, 잘 안 되더라고요. 자연스럽게 나와야 되는데. 헤헤헷." 이럴 땐 영락없이 귀여운 막내다.

이글스TV가 담아낸 'IT IS TIME'

7

한화의 유튜브 채널 '이글스TV' 스튜디오는 홈팀 더그아웃과 라커룸으로 향하는 길목 바로 앞에 있다. 그 공간은 이글스TV 제작진의 사무실이자, 선수들의 사랑방이다. 채은성부터 문현빈까지, 수많은 선수가 끊임없

가을야구 준비를 끝낸 대전 한화생명볼파크

가을야구를 맞이한 대전역

이 문을 두드리고 커피를 마시며 자유롭게 들락거린다. 이글스TV 제작진과 선수단 사이의 팀워크를 보여주는 장면이다.

이글스TV는 한화의 자랑거리다. KBO리그 10개 구단 자체 유튜브 채널 중 유일하게 50만 구독자를 돌파했다. 메이저리그 LA 다저스와 구독자 수가 비슷하다. 라이벌은 한국이 아닌, 일본 프로야구에 있다. 전 세계 야구단 유튜브 구독자 수 1위인 요미우리 자이언츠와 2위 한신 타이거즈다. 요미우리와는 아직 격차가 크지만, 한신은 많이 따라잡았다. 물론 인구 수 대비 구독자 수로는 이글스TV가 단연 1등이다. 요즘은 KBO리그 전 구단이 자체 유튜브 채널을 알차게 활용해 '팬심'을 잡는데, 이 유행을 이글스TV가 선도했다. 타 구단 관계자는 "내부에서 이글스TV를 벤치마킹하라는 얘기가 많이 나온다"고 귀띔했다.

제작에 관여하는 인원은 총 6명. 유튜브 콘텐츠 제작뿐 아니라 구단 홈페이지와 어플리케이션 관리 등을 병행하는 디지털 마케팅팀이다. 홈 경기엔 전원이 출근하고, 원정 경기는 지역별로 2~3명이 로테이션을 돈다. 구장별로 촬영 스팟이나 주의해야 할 점이 모두 달라서 보통 각자 맡은 원정 출장팀이 정해져 있다. 이들은 최대한 자신들의 신상을 외부에 숨긴다. PD들의 성별과 나이가 알려지면, 같은 자막도 다르게 읽히거나 곡해될 가능성이 생기기 때문이다. 이글스TV 관계자는 "구단의 본질은 야구고, 주목 받아야 하는 건 선수들이다. 그냥 직장인일 뿐인 우리가 외부로 드러나는 건 장기적으로 좋지 않다"고 설명했다.

한화 팬의 주황빛 응원 물결

이글스TV의 대표 콘텐츠인 '킹착취재(킹+밀착취재)'는 승리 다음 날에만 공개된다. 2025년엔 한화가 자주 이기고 연승도 많아서 팀 전체가 격무에 시달렸다. 그래도 무조건, 아무리 힘들어도, 이기는 게 최고다. 선수들 바로 곁에서 동고동락하는 일이니, 연승 기간엔 팀원들도 다 같이 신난다. "팀이 중요한 기록에 도전하는 날엔, 근무일이 아닌 사람들도 '나도 갈래!' 하면서 현장에 와서 같이 도와줘요. 팀에 일체감이 크니까, 10연승 같은 날 나 말고 다른 사람이 현장에 있다는 게 부러운 거예요."

야간 경기 날은 오후 1시 출근, 오후 10시 퇴근이 기본이다. 그러나 승리 후 '킹착취재' 영상을 편집하는 직원은 빨라야 오전 2시, 늦으면 오전 4시쯤 퇴근할 수 있다. 이때는 구단에서 다음 날 출근을 2~3시간씩 늦출 수 있게 배려해준다. 가장 체력적으로 힘들 때는, 인천이나 부산처럼 차로

SNS에 알린 한국시리즈 진출 소식

3시간이 걸리는 원정지에서 한화가 이동일에 승리했을 경우다. 무조건 밤샘은 각오해야 한다. "경기 후 취재를 마치고 바로 출발해도, 대전에 도착하면 새벽 1시가 돼요. 그때부터 영상을 만들기 시작하면, 아침 7~8시나 돼야 끝나요. 지난번 부산 경기 때는 오전 8시 업로드를 예고했는데, 진짜 딱 10분 전에 편집이 끝난 거예요. '진짜 큰일 날 뻔했다' 하고 집에 갔는데, 해가 너무 쨍쨍해서 잠이 안 오더라고요." 신속하게 올라오는 영상 뒤에 엄청난 노고가 숨어 있다.

이글스TV는 꽤 오랜 기간, 한화 선수들의 수많은 명장면을 포착해왔다. 홀로 도쿄올림픽 국가대표로 뽑힌 김민우를 출국 날 공항까지 직접 바래다줬을 때, 정은원이 팀 내 유일한 골든글러브를 수상하는 현장에 동행했을 때, 정우람이 프로 통산 1,000경기 출장 후 인터뷰하면서 눈물을 흘렸을 때. 그런 순간들을 모두 함께했다는 게 제작진에게는 잊지 못할 추억이다. 무엇보다 선수들이 "이글스TV 콘텐츠의 주인공이 되고 싶어서 야구를 더 잘하고 싶다"고 말할 때, 무엇과도 비교할 수 없는 보람을 느낀다. 실제로 팬들과 선수들이 가장 좋아하는 콘텐츠 중 하나는 '올 어바웃' 시

더그아웃 바로 옆에서 모든 순간을 포착하는 이글스TV 카메라

리즈인데, 매년 특별한 기록을 세운 선수에게 헌정하는 미니 다큐멘터리 형식이다. 2023년 노시환의 첫 30홈런 기념 영상을 공들여 제작했더니, 몇몇 선수가 정말 부러워하면서 이렇게 질문하더란다. "저는 무슨 기록 세우면 '올 어바웃' 시리즈에 나올 수 있나요?"

이글스TV는 '킹착취새' 외에도 다양한 예능형 부가 콘텐츠를 만든다. 가장 시의적절하면서 팬들이 궁금할 만한 주제를 선정하기 위해 자주 회의한다. 대전의 명물 빵집 '성심당'에서 나온 망고시루가 유행일 때는 이런 아이디어도 나왔다. "온 세상이 망고시루를 얘기하는데, 대전에 있는 야구단으로서 우리가 놓칠 수 있나!" 그날 곧바로 한 직원이 성심당으로 달려가 2시간 넘게 줄을 섰고, 그렇게 사온 망고시루를 선수들이 먹어보고 직접 맛을 평가하는 영상을 만들었다. 이 콘텐츠의 조회수는 80만 뷰를 돌파했다.

7년 만에 찾아온 2025년 포스트시즌을 앞두고, 팀원 모두가 그 어느 때보다 깊은 고민을 했다. 팬들에게 '잊지 못할 한 줄'을 선사하고 싶다는 의

지로 머리를 싸맸다. "처음으로 우리 팀의 가을야구 경기를 알릴 때, 어떤 문구를 첫 번째로 던져야 가장 많은 팬이 공감하고, 이들의 마음을 읽을 수 있을까. 이 생각을 정말 끝없이 한 거죠. 저희는 카피로 팬들과 소통하는 팀이니까요."

그 시간의 끝에 탄생한 슬로건이 '잇 이즈 타임(IT IS TIME)'. 한화의 가을이 드디어 시작되고, '이제 우리의 시간이 왔다'는 의미. 지금은 한화가 가을야구의 '주인공'이 될 시간이라는 것이다. 오랫동안 한화의 포스트시즌을 기다렸던 팬들은, 박수를 유도하는 주축 선수들의 강렬한 영상이 좌

가을야구 슬로건이 펄럭이는 가운데 공을 던지는 류현진

르륵 지나간 뒤, 눈앞으로 뛰어든 강렬한 한 문장에 "멋지다"며 전율했다. 이번 가을야구가 한화에 어떤 의미인지, '짧고 굵게' 전달하겠다는 목적을 100% 달성한 셈이다. 연일 계속되는 밤샘 업무로 몸은 죽어나지만, 마음은 그 어느 해보다 벅찼던 2025시즌. "이런 의미 있는 시기에 선수단 곁에서 함께할 수 있어서, 저희가 정말 운이 좋다고 생각해요." 이글스TV는 그렇게 처음으로 한화의 가을을 카메라에 담았다.

8 완벽한 선발진, 폭풍의 4중주

지난 5월 말, 한 유명 IT 기업의 업무 미팅 화면에 류현진이 등장했다. 5월 25일 대전 롯데전의 한 장면. 류현진이 경기 도중 이례적으로 선수들을 불러 모았던 날이다. 이 영상을 공유한 직원은 아마도 야구팬(그리고 아마도 한화팬)이었던 것 같다. 그는 "말하는 사람의 권위가 말의 무게를 결정한다"며 류현진을 예로 들었다. '무엇을' 말하느냐보다 '누가' 말하는지가 더 큰 영향력을 미친다는 의미였다.

한화는 그 경기에서 1회 말 4점, 2회 말 2점을 뽑아 6-0으로 앞섰다. 완벽한 기선제압. 무난하게 승리를 향해 나아가는 듯했다. 그런데 5회부터 경기 흐름이 바뀌었다. 5회 초에만 안타 5개(2루타 3개)와 볼넷 2개를 내주면서 6실점. 스코어는 순식간에 6-6 동점이 됐다. 흐름이 완전히 롯데 쪽으로 넘어가는 분위기였다. 6회 초를 간신히 무실점으로 막긴 했지만, 내야 실책이 나오면서 팀 전체가 흔들리는 기색이 역력했다.

그때 류현진이 갑자기 더그아웃으로 돌아오는 야수들을 불러모았다. 외국인 선수 플로리얼까지 눈동자를 빛내며 집중하는 가운데, 그가 던진

최강 원투펀치 폰세와 와이스

메시지는 이랬다. "우리 지금 지고 있는 거 아니다. 다시 리드를 잡으면 된다. 너희도 1회부터 5회까지 진짜 잘했으니 기죽을 필요 없다. 상대 분위기에 휩쓸리지 말고, 자기 할 일에 집중만 하고 편하게 해보자." 한화는 바로 다음 공격인 6회 말 추가점을 뽑았다. 9회 초 동점 솔로포를 맞아 연장선에 돌입했지만, 3시간 40분 접전 끝에 10회 말 8-7로 끝내기 승리를 거뒀다. 나중에 류현진에게 당시 상황을 물으니, 그는 "분위기를 한번 바꿔야겠다는 생각을 했다. 경각심을 주고 싶었다"고 했다.

평소 '2선'을 지키는 류현진이 이례적으로 전면에 나선 이유가 있다. 상대가 치열한 2위 경쟁을 벌이던 롯데였기 때문이다. 이날 롯데에 승리를 헌납하는 건, 곧 2위 자리에서 한 발 더 멀어지는 걸 의미했다. 결국 그는 선수와 관중 모두가 지켜보는 앞에서, 상징적인 '긴급 미팅'을 했다. 그라운드에 있던 선수들은 물론이고, 더그아웃에서 대기하던 선수들에게도 특별한 의미를 줬을 장면. 각성한 한화는 그날의 승리로 롯데를 밀어내고 다시 2위를 탈환했다. 김경문 감독은 "류현진이 선수들을 잘 다독이고, 야구에 집중할 수 있는 분위기를 만들어줬다"고 고마워했다.

류현진이 이끄는 한화 선발진은 2025년 한화의 자랑거리였다. 특히 그는 한화 복귀 후, 선발투수 5인이 서로의 등판 전 불펜 피칭을 모두 함께 지켜봐주는 루틴을 도입했다. 그 안에 속한 투수들에게는 자부심을 안기고, 그 자리를 꿈꾸는 투수들에게는 '나도 저 안에 들어가고 싶다'는 목표의식을 심어주는 문화다. 이 시간에 지각하는 선수는 다른 동료들에게 커피를 사야 하는, 작은 '벌칙'도 있다. 류현진은 "토론토 때부터 선발 투수들과 하던 일인데, 좋은 방법 같아서 내가 '같이 하자'고 했다"며 "다른 4명이 뒤에서 봐주고 하이파이브도 해주면, 확실히 혼자 몸을 풀 때보다 결속력이 생기고 힘도 더 난다"고 했다. 정민철은 "다른 투수가 제안했다면, 그렇게 쉽게 성사되고 꾸준히 이어질 수 없었을 것이다. 그걸 이끈 게 류현진이기에 가능했던 일"이라고 했다.

폰세는 이 모든 과정이 그들만의 '서포트'라고 표현했다. "다섯 선발투수가 항상 함께 나가서 그날의 불펜 투구를 지켜봐주는 건, 기본적으로 '이 선수가 오늘 잘 던졌으면 좋겠다'는 응원의 마음이 깔린 거죠. 그러다

류현진

폰세

그 친구가 잘 던지면, 나도 내 등판 때 잘 던지고 싶은 약간의 경쟁심이 생기고요. 또 서로의 투구에 대한 피드백을 받으면서 경기 때 좋은 결과로 이어지기도 해요. 이런 게 '시니지 효과'입니다."

실제로 폰세는 한화에 온 뒤, 과거보다 끈끈한 동료애를 느끼게 됐다. 한화의 젊은 투수들에게 좋은 '형' 역할을 하고, 각종 야구 관련 질문에 답변하느라 매일 분주한 시간을 보내곤 했다. 통역 김지환 씨는 "예전에는 선수와 기자분들 사이에서 통역을 많이 했는데, 2025시즌에는 폰세와 젊은 투수들 사이에서 통역을 한 시간이 더 많은 것 같다"며 웃었다. 그 과정에서 폰세도 얻은 게 있다. 폰세는 "원래 선수 모두가 서로에게 배우면서 성장하는 게 야구의 일부분이라고 본다"며 "젊은 투수들과 대화하면서 오히려 내가 초심을 일깨우게 된다. 좀 더 길게 야구를 하고 싶다는 의지가 생겼다"고 했다.

폰세는 개구쟁이 같은 인상과 달리, 그 누구보다 공부도 많이 하는 투수다. 데이터사이언스팀 관계자는 "대부분 본인이 잘 못할 때 전력분석 자료를 찾는데, 폰세는 오히려 잘할 때 열심히 본다. 이제 슬슬 '타이밍이나 패턴에 변화를 줄 때가 됐다'는 고민을 끊임없이 하는 것"이라고 귀띔했다. 손 단장은 "와이스는 메이저리그 경험이 없어서 전력분석 자료를 낯설어하는 편이었다. 그런데 폰세와 류현진을 보면서 부쩍 관심을 가졌고, 본인도 더 적극적으로 연구하고 공부하게 됐다"며 흐뭇해했다. 실제로 류현진은 후배 투수들에게 "포수의 사인에 고개를 흔들려면, 포수가 노력하는 만큼 투수들도 열심히 공부하고 경기에 나가야 한다"고 충고했다는 후문이다.

와이스는 2025년 '에이스급' 투수로 진화했지만, 'MVP급' 투수 폰세의 그늘에 가려 스트레스를 받은 적도 있다. 김지환 씨는 "선발 로테이션상

와이스

늘 '폰세 다음 와이스' 순이었는데, 바로 앞 투수가 항상 잘 던지고 그다음 차례가 오니, 초반에는 부담감이 컸던 것 같다"고 했다. 데이터사이언스 팀 관계자의 얘기도 그랬다. "똑같이 시속 155㎞ 이상을 던지는 폰세 뒤에 연달아 나가니까, 잘 안 풀릴 때는 '타자들 눈이 강속구에 이미 익숙해져서 내 공이 맞아 나가나?' 이런 생각도 잠시 한 것 같아요. 하지만 데이터를 보면서 '내 직구랑 폰세의 직구가 확연히 다르구나' '나는 스위퍼를 쓰고 폰세는 체인지업이랑 커브를 쓰니 괜찮구나' 이런 걸 느끼면서 그런 불안감을 완전히 버렸더라고요. 그때부터 오히려 더 잘됐어요." 그 후 폰세와 와이스는 '천하무적' 원투펀치가 됐다. 2승 2패로 맞선 플레이오프 5차전에선 각각 5이닝과 4이닝을 나눠 던져 한화의 한국시리즈 진출을 확정했다. 그 둘의 팀 내 존재감을 상징하는, 최고의 경기였다.

'폰와류문' 중 유일한 2000년대생인 문동주는 그 안에서 무럭무럭 자랐다. 형들도 못 던지는 시속 160㎞ 고지에 수차례 도달하면서, '강속구 군단' 한화의 선봉에 섰다. 그는 "솔직히 '공이 가장 빠른 투수'라는 타이틀은 다른 선수에게 빼앗기고 싶지 않다"고 했다. "요즘 공 빠른 투수들이 정말 많잖아요. 언젠가는 제 최고 구속 기록(시속 161.6㎞)이 따라잡힐 수도 있겠죠. 그러면 제가 그 기록을 또 깰 거예요. 그 목표는 내려놓고 싶지 않아요." 메이저리그에서 강속구 투수를 여럿 본 류현진도 문동주의 구속이 "볼 때마다 놀랍다"고 했다. "일단 정말 좋은 재능을 가진 친구잖아요. 내가 그런 공을 못 던져봐서 그런지, 동주 같은 투수들을 보면 진짜 신기해요. 미국 선수들 같은 몸도 아닌데, 어떻게 저런 스피드가 날 수 있을까. 그래서 물어봤죠. '너 어떻게 그렇게 빠른 공을 던지냐?' 그랬더니 '저도 모르겠습니다' 하던데?" 류현진이 껄껄 웃었다.

문동주는 8월 27일 고척 키움전에서 데뷔 첫 10승도 달성했다. 방송사

문동주

수훈선수 인터뷰를 마치고 더그아웃으로 돌아오는 그를 향해 투수들이 달려들어 축하의 물 세례를 퍼부었다. 류현진은 입으로는 “4년 차에 겨우 10승을 한 걸로 뭘 이렇게까지 축하를 해주냐”고 핀잔을 주면서, 누구보다 신나게 양 손에 생수병을 꼭 쥐고 후배를 기다렸다. “물이 왜 이렇게 미지근하지? 더 차가워야 되는데”라는 걱정(?)과 함께. 요란한 세리머니 후 젖은 신발을 벗어 던진 맨발의 문동주는 한결 홀가분한 얼굴로 말했다. “기분 좋습니다! 저 그래도 올해 좀 잘하긴 했나 봐요.” 시즌 초반 눈가에 드리웠던 그늘과 가라앉은 목소리는 진작에 자취를 감춘 뒤였다.

문동주는 ‘터닝 포인트가 무엇이냐’는 질문을 받을 때, 이런 대답을 한다. “무언가 하나를 꼭 찾자면, 올해의 선발진 속에 있었던 거예요. 분위기가 정말 좋아서, 그냥 눈으로만 봐도 얻어가는 게 너무 많으니까. 제가 뭔가 도움을 필요로 할 때, 바로 옆에서 조언을 구할 수 있는 선수들이 류현진 선배님이고, 폰세인 거잖아요. 엄청난 행운이죠. 그러니 저도 받아들이는 게 다르고, 생각도 다르게 하게 돼요." 2025년 구속만큼이나 멘털도 부쩍 성장한 문동주는 이제 "굳이 내가 승리 투수가 되지 않더라도, '우리 팀이 승리하는 장면에 꼭 내가 들어 있었으면 좋겠다'라는 생각을 한다"고 했다. 선수 생활 내내 이 말과 똑같은 얘기를 한 투수가 한화에 한 명 있다. 류현진이다.

KIA 외국인 투수들과 함께 화기애애한 선발진

채은성이 활짝 웃던 날

2025년 8월 24일. 한화가 긴 6연패를 끊고 맞이한 첫날. 주장 채은성이 훈련을 마치고 들어오다 취재진과 인터뷰했다. 당시 한화의 성적은 3위와 격차가 큰 '안전한' 2위. 그런데도 팀 분위기가 밝지만은 않았다. 7월 중순까지 선두였다가 무서운 기세로 치고 올라온 LG에 1위 자리를 내준 뒤여서다.

'달변가' 채은성은 그날도 구구절절 옳은 말만 했다. "우리가 1위에 머무는 동안 선수들이 잘한 부분도 있겠지만, 운도 많이 따랐잖아요. 순위 싸움이란 건 늘 힘들고, 처음부터 모든 걸 이룰 순 없어요. 우리에게도 언젠가 시행착오가 찾아올 거라고 생각했고, 지금이 딱 그 시기 같아요. 우승도 당연히 하고 싶고 1위를 하면 더 좋겠지만, 앞으로 꾸준히 포스트시즌에 나가는 팀이 되는 것도 중요하다고 봐요. 일단 경험을 계속 쌓으면서, 목표는 점점 더 높이. 이게 다 강팀이 되어가는 과정의 일부라고 생각합니다."

인터뷰를 마친 그는 늘 그랬듯 특유의 '슬픈' 표정으로 포즈를 취했다. "한

번 더요. 자, 한 번만 더 찍을게요." 두 번의 '찰칵' 소리 끝에 그가 '다 끝났다' 싶어 떠나려는 순간, "딱 한 장만 더!"를 외쳤다. 그 순간 채은성이 너털웃음을 터트렸다. 다행히 그 미소를 늦지 않게 포착했다.

이렇게 환하게 웃은 다음 날, 채은성은 시즌 처음으로 1군 엔트리에서 제외됐다. 그동안 참고 뛰던 왼쪽 발가락 통증이 너무 심해진 탓이다. 진단명은 '지간신경종'. 발바닥과 발가락을 잇는 신경이 부풀어 오르는 증상이다. 평소 신발 끈을 꽉 조여 묶는 습관이 여러 해 쌓여 압박이 커졌다. "경기를 떠나 그냥 발을 디딜 때마다 아파요. 그래서 늘 신경이 약간 곤두서 있어요. 진통제도 어차피 안 들어서, 수술로 3·4번 발가락 신경을 잘라내는 것밖에 답이 없대요. 시즌 끝날 때까지 그냥 참아야 해요." 수술 뒤에는 평생 발가락 두 개에 감각이 없을 거라는 얘기를, 그는 대수롭지 않게 했다. 그리고 열흘 뒤 1군에 돌아와 한국시리즈까지 쭉 뛰었다. "일상생활을 할 때도 계속 통증이 느껴진다"던 그 인발로.

채은성에게 2025년은 여러모로 특별했다. 시즌 초반이던 4월 4일 대구. 팀은 3승 8패로 꼴찌에, 방망이는 죽도록 안 맞던 시기. 그는 그날 밤 숙소에서 배달받은 대구 맛집의 족발을 들고 이지풍 트레이닝 코치의 방문을 두드렸다. "형, 저 어떡해요? 뭐라도 해야 될 것 같은데. 좀 도와주세요." 2시간 동안 이어진 대화에서 이 코치가 내린 '처방'을 요약하자면 이렇다. "야구는 평균에 수렴한다. 프로팀이 이 정도 팀 타율로 3승이나 한 게 오히려 희망적이지 않냐? 분명 올라갈 거고, 이제 이길 때 됐다. 마음 편히 먹어." 실제로 한화와 채은성은 곧 동반 반등을 시작했다. 한화는 '하위권'에서 '우승권'으로 도약했고, 채은성은 그 길목에서 적재적소에 '해결사' 역할을 했다.

무엇보다 그는 백전노장 김경문 감독이 전폭 신뢰하고, 류현진도 군말 없이 믿고 따르는 캡틴으로 만점짜리 활약을 했다. 후배 몇 명도 '주장 채은성'의 장점을 생생하게 증언했다.

"나 같은 선수가 프로에서 가야 할 길을 보여준, 롤모델이다. 많이 혼나는 편인데, 무서울 땐 진짜 무섭다. 배울 점이 많은 주장이다."(황영묵) "개인 성적이 좋을 때나, 나쁠 때나 늘 똑같은 분위기를 유지하시는 게 정말 대단하다. 일부러 기록을 찾아보지 않으면 모를 정도다."(김종수) "보스는 '하라'고 하고, 리더는 '하자'고 한다지 않나. 은성 선배님은 '보스'가 아닌 '리더'다. 팀 분위기가 처지려고 할 때 오히려 더 다독이시는데, 그럴 때면 다 같이 더 힘을 내게 된다."(이도윤) "주장의 정석, 주장의 교과서 같다. 나이 차가 많아서 어렵기만 할 줄 알았는데, 워낙 편하게 대해주셔서 형 같을 때도 있다."(정우주)

2023년 80패를 했던 한화가 2025년을 83승으로 마쳤다. 채은성의 말대로 "강팀이 되는 과정"을 밟고 있는 것이다. 그는 올해 한국시리즈에서 "야구 인생 최초의 결승전"을 치렀고, 하필이면 한화보다 더 오래 몸담았던 친정팀을 만나 장렬하게 패했다. 그래도 그는 그 경험이 언젠가는 자신을 '우승'이라는 맨 윗자리로 이끌 거라 믿는다. 그날 채은성은 저 사진처럼 활짝 웃을까 아니면 오열할까. 그는 "그건 진짜로 우승을 해봐야 알 것 같다"고 했다.

한화생명
한화생명
한화생명
한화생명
Hanwha
Eagles

스페셜 스토리

주황빛 가을, 네 번의 승리

'불펜' 문동주와 시속 161.6 ㎞

그날이 왔다. 대전에서 다시 프로야구 포스트시즌 경기가 열리는 날. 고속철도가 정차하는 대전역부터 야구장 인근 거리까지, 대전 시내 곳곳은 온통 한화의 가을야구를 응원하는 사진과 벽화로 뒤덮였다. 한화 구단뿐

PO 1차전 선수단 승리 세리머니

주황빛으로 물든 1차전 한화 응원석

아니라, 대전 전체가 기다린 진짜 가을 축제가 벌어지는 듯했다.

한화의 정규시즌 최종 순위는 2위. 마지막까지 LG의 우승을 저지하며 버텼지만, 10월 1일 인천 SSG전에서 9회 말 통한의 끝내기 홈런을 내줘 1위 도전에 마침표를 찍었다. PO에 선착한 선수들은 대전에서 합숙을 하고 연습경기로 실전 감각을 조율하면서 하루하루 다가오는 포스트시즌을 대비했다. 10월 16일 한화의 PO 엔트리 30명이 공개됐는데, 그중 20명이 가을야구를 처음 경험해보는 선수들이었다. PO를 기다리는 한화 선수단의 마음은 설렘 반, 긴장 반으로 나뉘었다.

PO 1차전이 예정됐던 10월 17일, 구단주인 김승연 한화그룹 회장은 7년 전처럼 팬들을 위한 깜짝 선물을 준비했다. 야구장을 찾은 모든 팬에게 '다시 돌아온 이글스의 가을! 주인공은 팬 여러분입니다'라는 문구와 김 회장의 서명이 새겨진 패딩 담요를 나눠줬다. 구단도 만반의 준비를 했다. 17일과 18일 대전 지역에 비가 예보되자 한화 로고가 찍힌 오렌지색 우비를 대량 제작해 입장 관중에게 선물했다. 한화의 가을 관중석을 온통 주황빛으로 물들인, 장관의 서막이었다.

한화의 PO 상대는 2024년 준우승팀 삼성. 한화가 2006년 한국시리즈와 2007년 준PO에서 맞붙었던 상대다. 삼성은 2025년 정규시즌을 4위로 마쳤지만, 3위 SSG를 준PO에서 3승 1패로 꺾고 올라와 기세가 등등했다. 김경문 감독은 "삼성의 좋은 무드를 1차전에서 끊어야 하지 않을까 싶다"며 "(가을야구는) 잘하면 잔치가 될 수 있지만, 뜻대로 안 됐을 때는 굉장히 아프다. 선수들이 좀 더 집중할 수 있도록 돕는 게 내 역할인 것 같다"고 했다.

문제는 가을비였다. 경기 개시 1시간을 앞두고 폭우가 쏟아지기 시작했다. 방수포를 덮고 비가 잦아들기를 기다렸지만, 경기 시작 시간이 다 돼 가는데도 점점 빗줄기가 거세졌다. 결국 오래 기다린 PO 1차전이 10월 18일로 하루 미뤄졌다. 한화 입장에선 반가운 상황은 아니었다. '슈퍼 에이스' 폰세가 17일 등판에 맞춰 만반의 준비를 해놨는데, 1차전이 다음 날 낮 경기로 밀리면서 100%의 몸 상태로 나설 수 없게 됐다. 첫 가을야구를 앞두고 들뜬 기색이 역력했던 한화의 젊은 선수들도 "첫날 취소로 조금은 김이 빠졌던 게 사실"이라고 했다.

PO 1차전에서 투구하는 문동주

아니나 다를까. 10월 18일 문을 연 1차전에서 믿었던 폰세가 2회 초 먼저 3실점(2자책점)하면서 난조를 보였다. 대신 한화 타선이 힘을 냈다. 1-3으로 추격한 2회 말 2사 만루에서 문현빈의

1차전에 선발 등판한 폰세

큼직한 타구가 오른쪽 외야 '몬스터 월'을 때렸다. 주자 셋이 모두 홈을 밟으면서 4–3 역전. 계속된 2사 2루에서는 노시환의 좌전 적시타가 추가로 터졌다. 5–3. 이때까지만 해도 한화가 경기 분위기를 완전히 가져온 듯했다.

그러나 이후에도 폰세는 좀처럼 안정을 찾지 못했다. 3회 초 연속 안타를 내준 뒤 구자욱과 승부하는 과정에서 피치클락 시간 활용을 두고 신경전을 벌이기도 했다. 결국 그 이닝에 2점을 더 잃어 5–5 동점이 됐다. 4회 초엔 삼성 9번 타자 김태훈에게 초구 직구(시속 154㎞)를 던지다 한가운데로 몰려 역전 솔로홈런도 맞았다. 충격의 6실점(5자책점). 폰세의 개인 한 경기 최다 실점 기록이 하필이면 포스트시즌 첫판에서 나왔다. 가장 강력한 '필승 카드'가 흔들리자 한화 더그아웃도 당황했다.

그럼에도 폰세는 5회와 6회를 무실점으로 막으면서 끝까지 버텼다. 공 105개를 던지면서 선발 투수 몫을 해내고, 팀이 불펜을 아낄 기회를 줬다. 폰세의 그 책임감에 한화 타선이 완벽하게 응답했다. 5–6으로 뒤진 6회 말, 선두타자 심우준의 우익선상 2루타와 손아섭의 동점 적시 2루타가 터졌다. 6-6. 리베라토가 또 한 번 '몬스터 월'을 맞히는 대형 안타로 2·3루 기회를 이어갔다. 2사 후 타석에 선 채은성은 상대 투수의 변화구를 부드럽게 밀어 쳐 우익수 앞에 떨어지는 2타점짜리 적시타를 때렸다. 상대 우익수의 포구 실책까지 겹치면서 2루에 안착한 그는 자신의 유니폼 상의를 두 팔로 잡고 '이글스'라는 팀 이름을 펄럭거렸다.

그렇게 한화가 8-6 리드를 잡은 7회 초. 불펜 문이 열렸다. 그 안에서 달려나온 한화의 두 번째 투수는 문동주. 2022년 데뷔 후 거의 대부분의 경기에 선발투수로 나섰고, 2025시즌에도 붙박이 선발로 활약하면서 11승을 올린, 한화의 차세대 에이스. 선발진에 비해 상대적으로 불펜이 약했던 한화가 살얼음판 승부를 이겨내려고 선택한 '가을 조커'였다.

데뷔 4년 만에 첫 포스트시즌 경기에 나선 문동주는 커다란 기합으로

삼진을 잡고 포효하는 문동주

자신에게 기를 불어넣고 당당히 마운드에 올랐다. 가을야구 첫 상대 타자는 삼성 베테랑 포수 강민호. 문동주가 초구를 던지자 전광판에 시속 159㎞가 찍혔다. 양 팀 관중석에서 탄성이 터졌다. 문동주는 강민호를 삼진, 대타 박병호를 1루수 플라이로 잡아낸 뒤 세 번째 타자 김지찬과 맞섰다. 초구는 또 직구. 이번엔 시속 161㎞. 양 팀 더그아웃의 선수들마저 서로 눈을 마주치고 고개를 절레절레 흔들며 헛웃음을 지었다.

그다음 공도 다시 직구. 그 순간 대전 한화생명볼파크 전체가 크게 술렁였다. 전광판에 '162'라는 숫자가 떴다. 트랙맨이 측정한 이 공의 공식 시속은 161.6㎞. 9월 20일 수원 KT 위즈전에서 기록한 기존 최고 구속(시속 161.4㎞)을 거의 한 달 만에 또 넘어선 것이다. 문동주가 개인 최고 구속을 경신했다는 건, 곧 KBO리그 최고 구속도 바뀌었다는 걸 의미한다. 문동주가 6구 승부 끝에 김지찬을 헛스윙 삼진으로 돌려세우고 더그아웃으로 들어오자 오렌지색 물결을 이룬 만원 관중은 그의 이름을 연호했다. 문동주도 두 팔을 벌리고 크게 포효하며 가을의 함성을 더 끌어올렸다. 이날의 영웅 중 한 명이었던 '작은 거인' 문현빈은 경기 후 그 세리머니를 엄청 부러워했다. "동주 형이 뭔가 팬분들을 더 열광하게 한 것 같아서 진짜 멋있었어요. 저도 키가 좀 컸으면 그렇게…."

문동주가 8회 초도 무실점으로 끝내자 8회 말 다시 한화의 중심타선이 나섰다. 2사 후 문현빈이 볼넷, 노시환이 중전 안타로 출루해 1·3루 기회를 만들었고, 채은성이 좌전 적시타를 쳤다. 3루 주자 문현빈이 박수를 치며 천천히 홈을 밟는 사이, 채은성은 1루에 도착해 양 손으로 독수리 발톱을 세웠다. 하늘이 날아갈 듯한 함성이 대전구장을 뒤덮었다. 한화는 9회 초 2점을 잃어 위기에 몰리기도 했지만, 이 쐐기점 덕에 9-8로 이겼다. 2018년 PO 3차전 이후 7년 만의 포스트시즌 승리. 대전에서 열린 가을야구 경기를 승리로 장식한 건 18년 전인 2007년 준PO 3차전 이후 처음이었다.

'시속 161.6㎞의 사나이' 문동주는 이날 한화의 가을야구 첫 데일리 MVP로 선정됐다. 심우준은 "더그아웃에서 동주 공을 보고 입이 안 다물어졌다. 삼성 쪽을 보니 상대 선수들도 많이 놀라는 것 같더라"며 "포수 최재훈 형이 '공을 받기가 정말 힘들었다'고 할 정도로 엄청난 공을 던졌다"고 혀를 내둘렀다. 문동주도 뿌듯해했다. "채은성 선배님이 역전 적시타를 쳐주신 뒤 내가 올라가서 던지는 첫 이닝이 정말 중요하다고 생각했다"며 "그래서 더 집중해서 던졌더니 구속도 잘 나왔고, (잘 막은 뒤) 세리머니도 크게 나온 것 같다"고 싱글벙글 웃었다.

그에게 누군가 '첫 가을야구에 선발로 나가지 못해 아쉽지 않느냐'고 물었다. 문동주는 대번에 고개를 저었다. "전혀요. 오히려 가을야구를 1차전부터 경험할 수 있어서 영광입니다. 언제 이런 기회가 또 올지 모르니까요. 팀에 도움이 된다면, 앞으로도 저는 어떤 상황이든 준비할 겁니다."

결승타를 치고 마음껏 환호하는 채은성

'대전 왕자', 대구에서 '왕'이 되다

2

대전 한화생명볼파크 홈팀 더그아웃에서 선수단 라커룸으로 향하는 안쪽 통로 벽에는 커다란 화이트보드가 하나 걸려 있다. PO가 시작되기 전, 한화 선수들은 그 위에 각자 동료들에게 힘을 불어넣는 응원 메시지를 하나씩 적어 넣었다. 그중 누군가 쓴 문장. '팬들과 함께 우승 가자, 7승 남았

3차전에서 역전 결승포를 치고 기뻐하는 노시환

다.' 1차전 승리 다음 날, '7'자에 엑스 표가 그려지고 그 아래 새로운 숫자가 적혔다. '6'. 한국시리즈 우승까지 앞으로 6승을 더하면 된다는 의미였다. 한화는 그 숫자를 '5'로 바꾸고 대구로 내려가겠다는 희망을 품었다.

그러나 한화의 뜻은 이뤄지지 않았다. 1차전 폰세의 6실점 충격에서 채 벗어나기도 전에, 2차전에선 믿었던 와이스가 흔들렸다. 다른 팀에선 1선발로도 손색이 없는 와이스는 폰세와 함께 한화가 자랑하는 최강 원투펀치였다. 그런 그가 2차전에 선발 등판했다가 4이닝 9피안타 5실점하고 물러났다. 1회 말 리베라토의 홈런으로 먼저 1-0 리드를 잡았는데, 3회 초 갑자기 연속 안타를 맞고 3실점 해 경기 흐름을 내준 게 뼈아팠다. 1차전에서 불타올랐던 타선도 2차전에선 상대 선발 최원태를 공략하지 못해 애를 먹었다. 3-7 패배. 가장 확실하다고 여겼던 무기가 가장 예기치 못한 변수로 돌아왔다. 김경문 감독은 "그래서 야구가 어렵다"고 한숨을 내쉬었다.

10월 21일, 대구 삼성라이온즈파크. 홈런 공장으로 유명한 '라팍'에서 한화와 삼성이 PO 3차전을 시작했다. 한화 선발은 류현진, 삼성 선발은 아리엘 후라도. 투수전을 기대할 만한 매치업이었다. 그러나 경기 중반부터 라팍의 '육각형' 담장이 위력을 발휘하기 시작했다. 한화가 2-0으로 앞선 4회 말, 삼성이 김영웅의 역전 3점포와 김태훈의 추가 솔로포로 승부를 뒤집었다. 2-4. 한화도 지지 않았다. 바로 이어진 5회 초 공격에서 똑같이 재역전 홈런으로 응수했다. 손아섭과 리베라토의 연속 2루타로 1점을 따라붙고 계속된 2사 3루. 그 홈런을 터트린 주인공은 한화 4번 타자 노시환이었다.

노시환은 한가운데로 몰린 후라도의 초구 커브 실투를 놓치지 않고, 특유의 '눕기' 타법으로 힘껏 잡아당겼다. 타구는 빠르게 날아 왼쪽 담장을 넘어갔고, 흐름은 다시 한화 쪽으로 넘어왔다. 2차전에서 포스트시즌 개인 첫 홈런을 치고도 팀 패배로 아쉬움을 삼켜야 했던 노시환이 이번엔 더

3차전 승리 후 기뻐하는 선수들

결정적인 한 방으로 팀을 위기에서 구했다. 5-4 역전.

한화는 5회 말부터 불펜 김범수를 투입해 '지키기 모드'에 돌입했다. 이어 6회 말 삼성 선두타자가 볼넷으로 출루하자 곧바로 불펜에서 몸을 풀던 세 번째 투수를 호출했다. 문동주. 1점 차 살얼음판 리드에서, 한화는 또 다시 '불펜 문동주'의 힘이 필요했다.

문동주의 '쇼타임'은 그때부터 시작됐다. 그는 나오자마자 두 타자를 연속 삼진으로 돌려세워 위기를 막았다. 단타 하나면 경기가 뒤집힐 수도 있는 7회 말 2사 2·3루에선 역대 최초 50홈런-150타점을 달성한 최고 타자 르윈 디아즈에게 시속 157㎞ 직구를 던져 중견수 플라이를 유도했다. 위기를 벗어난 문동주가 온 힘을 다해 외친 "파이팅!" 포효는 그보다 수천 배 큰 한화 팬들의 함성 속에 온전히 녹아들었다. 문동주는 8회 말 1사 2루에서 다시 두 명의 타자를 연속 삼진으로 잡아낸 뒤 두 팔을 벌리고 환호하며 더그아웃에서 기다리는 동료들 품 속으로 뛰어들었다.

한화는 이날만큼은 9회 말까지 투수를 바꾸지 않았다. 삼성의 마지막 세 타자가 문동주와 만나 삼진-삼진-2루수 땅볼로 물러났다. 4이닝 2피안타 6탈삼진 무실점. 최고 시속은 159㎞. 올가을 한화의 두 번째 승리가 또 다시 문동주의 손끝에서 완성됐다. 입단 소식만으로도 대전의 야구팬을 설레게 했던 특급 유망주는 그렇게 늠름하게 자라 한화의 가을에 새 숨을 불어넣는 영웅으로 우뚝 섰다. 장소는 대전이 아닌 대구였지만, '왕자'를 넘어 '왕'이 된 문동주의 대관식으로 손색이 없었다. 문동주가 역투하고 노시환이 결승 홈런을 때려낸 5-4 역전승. 한화의 현재와 미래를 모두 밝히는, 의미 있는 가을야구 승전보였다.

문동주는 PO가 시작되기 전 "2023년 아시안게임 때는 '에라 모르겠다' 하고 던졌다면, 지금은 생각이 조금 더 많아졌다"며 "그래도 마음가짐은 그때와 똑같다. 이번 가을에도 좋은 형들과 동생들을 믿고 내가 할 수 있는 일만 하겠다"고 다짐했다. 그 결과 그는 국가대표 1선발로 손색이 없

경기 후 얼싸안은 선발 류현진과 불펜 문동주

가을 영웅으로 우뚝 선 문동주

4차전에서 3점 홈런을 터트린 문현빈

는, '빅 게임 피처'로 한 뼘 더 성장했다. 문동주는 "학창시절부터 주자가 있을 때 (마운드에) 올라간 적은 거의 없어서 많이 긴장됐다"면서도 "3차전은 정말 중요하니, 절대 지지 않겠다는 마음가짐으로 임했다. 팀이 기로에 놓인 경기에서 내 몫을 한 것 같아 정말 좋다"며 또 한 번 활짝 웃었다.

2승 1패. 이제 한 경기만 더 잡으면 19년 만의 한국시리즈가 눈앞인데, 또 경기가 한화의 뜻대로 흘러가지 않았다. 10월 22일 대구에서 열린 4차전. 이날도 출발은 무척 좋았다. 문동주 대신 투입된 선발 정우주가 첫 $3\frac{1}{3}$이닝을 5탈삼진 무실점으로 막아내 임무를 200% 이상 수행했다. 타선에선 새로운 '가을 남자' 문현빈의 원맨쇼가 펼쳐졌다. 1회 1사 1루에서 우중간 적시 2루타를 터트려 선취점을 뽑은 게 그 시작이었다.

대구에서 홈런을 안 치고 가면 섭섭한 문현빈은 1-0으로 앞선 5회 초 2사 1·2루에서 삼성 선발 원태인의 7구째 한가운데 높은 직구를 잡아당겨 우중간 담장 밖으로 날려 보냈다. 한화에 4-0 리드를 안기는 3점 홈런.

그가 두 주먹을 불끈 쥐고 펄쩍펄쩍 뛰며 그라운드를 돌 때까지만 해도, 더그아웃으로 돌아온 홈런의 주인공을 베테랑 이재원이 끌어안고 '들었다 놨다' 할 때까지만 해도, 한화 팬들이 저마다 양 팔을 비비며 "소름 돋는다"는 제스처를 취할 때까지만 해도, 4차전 승리의 여신은 일찌감치 한화의 손을 들어주는 듯했다.

그러나 얄궂게도, 야구의 신이 미리 써놓은 진짜 시나리오는 따로 있었다. 삼성 김영웅이 6회 말 2사 1·3루에서 김서현을 상대로 동점 3점포를 터트렸다. 이어 7회 말 1사 1·2루 다음 타석에서 다시 한승혁의 초구 직구를 공략해 좌중간으로 역전 3점포를 날렸다. 4-7 패배. 한화는 다시 무거운 마음을 안고 5차전이 예정된 대전행 버스에 올랐다. 문동주는 "5차전을 져서 포스트시즌이 끝나면 더는 야구를 할 수 없다. 마지막까지 최선을 다하겠다"고 했다.

홈런을 날린 문현빈의 하트 세리머니

폰세·와이스가 막고 문현빈이 끝냈다

10월 24일, 다시 대전. 벼랑 끝에서 맞이한 PO 5차전을 앞두고 김경문 감독은 결연했다. "이 경기는 웬만하면 외국인 투수 두 명으로 끝낼 생각"이라고 미리 선언했다. 4차전에서 폰세와 와이스까지 불펜에 대기시켰다가, 그 카드를 써보지도 못하고 역전패한 아쉬움을 되풀이하지 않겠다는 각오였다.

김 감독은 "폰세가 최소 5이닝을 막는다고 생각하고, 그 뒤엔 와이스를 내보내 끝내려고 한다"며 "두 선수가 우리 팀 1·2선발이고, 각각 5일과 4일 휴식했으니 괜찮을 거라고 본다"고 설명했다. 정규시즌 33승을 합작한 최강 외국인 듀오가 한 경기를 나눠 맡는다는 건, 1·3차전의 영웅인 문동주를 다시 불펜으로 기용하지 않겠다는 다짐이기도 했다. 김 감독은 "야구를 올해만 하고 끝낼 건 아니다. 3차전에서 50구를 던진 선수를 5차전까지 던지게 할 생각은 없다"고 선을 그었다.

선발 폰세 뒤에 불펜 와이스가 기다리는 한화는 초반부터 거침없었다. 대구 4차전에서 빼앗겼던 기세를 홈 대전에서 금세 되찾아왔다. 1회 말 손아섭의 우전 안타와 리베라토의 볼넷, 문현빈의 희생번트로 만든 1사 2·3루에서 노시환의 좌전 적시타로 선제점을 뽑았다. 계속된 1사 1·3루에선 채은성의 좌익수 희생플라이로 1점을 보탰다. 2–0 리드.

5차전 선제 타점을 올린 노시환

삼성이 2회 초 곧바로 1점을 만회했지만, 한화는 3회 말 한꺼번에 3점을 뽑아 더 달아났다. 1사 후 문현빈이 좌익수 왼쪽 2루타로 다시 물꼬를 텄고, 노시환이 중전 안타로 1·3루 기회를 이어갔다. 다음 타자 채은성은 우익선상 가장 깊숙한 곳에 떨어지는 적시 2루타를 쳐 문현빈을 홈으로 불러들였다. 심지어 이때 상대 우익수의 2루 송구 실책이 나오면서, 3루에 멈추려던 1루 주자 노시환까지 홈으로 들어오는 행운이 겹쳤다. 채은성도 그 사이 재빨리 한 베이스를 더 내달려 3루에 안착했다. 그 순간 허공으로 '어퍼컷'을 날린 채은성은 아마도 한화 이적 후 가장 크게 포효한 것처럼 보였다. 2사 후엔 상대 유격수의 1루 송구 실책이 이어지면서 채은성도 득점. 한화가 일사천리로 5–1 리드를 확보하자 오렌지색 우비 물결로 가득 찬 만원 관중의 함성이 더그아웃 위로 쏟아졌다.

그 사이 폰세는 위용을 되찾은 호투로 1차전의 아쉬움을 씻어냈다. 2회 초 비자책으로 1실점했을 뿐, 최고 시속 157㎞의 강속구를 앞세워 5이닝 동안 삼진 9개를 잡아냈다. 위기가 닥쳤을 때 특유의 '빅 스마일'로 동료들을 안심시키고, 스스로 실점을 막아내는 에이스의 풍모가 빛났다. 3회 초

5차전 승리 후 하이파이브하는 선수단

1사 1루에서 디아즈의 타구에 왼쪽 가슴을 맞는 아찔한 장면도 나왔지만, 고통을 참고 굴절된 공을 잡아 타자 주자를 1루에서 아웃시킨 뒤 투구를 이어가는 투지도 보였다.

폰세가 5회 초 마지막 타자 디아즈를 삼진으로 돌려세우고 임무를 마치자 1루 쪽 팬들은 모두 자리에서 일어선 채 목놓아 그의 이름을 외쳤다. 폰세 역시 두 팔을 벌려 호응을 유도하는 포효 세리머니로 열기를 더 고조시켰다. 그는 나중에 "그 분위기를 타기도 했지만, 사실 '내 동생' 문동주에게 '세리머니는 이렇게 하는 거다'라고 한 수 가르쳐주려고 했다"며 눈을 찡긋했다.

폰세가 고조시킨 기(氣)를 온몸으로 흡수한 한화 타선은 그 후에도 마음껏 그라운드를 누볐다. 5회 말 문현빈의 안타, 노시환의 우중간 2루타로 만든 무사 2·3루에서 다시 채은성의 적시타로 2점을 더 뽑았다. 7-1. 사실상 승기를 거머쥔 듯했지만, 한화는 6회 초 미리 예고한 대로 와이스를 마운드에 올렸다. 방심은 금물. 끝까지 삼성의 추격을 봉쇄하겠다는 의도였다. 2차전에 흔들렸던 와이스도 이날은 완벽하게 구위를 회복했다. 4이닝 4탈삼진 1실점. 완벽한 원투펀치가 합계 9이닝을 2실점(1자책점)으로 틀어막아주니, 한화는 두려울 게 없었다.

승리에 쐐기를 박은 한 방은 역시나 돌멩이의 단단한 배트에서 나왔다. 문현빈은 8회 말 마지막 공격 1사 1루에서 우월 2점 홈런을 터트려 한화의 5차전 승리 확률을 99.9%까지 높였다. 팀의 한국시리즈 진출 축포를 직접 쏘아올린 거나 다름없다. PO 5경기에서 그가 남긴 성적은 타율 0.444(18타수 8안타) 2홈런 10타점 6득점 3볼넷. 삼진은 딱 하나뿐이었고, OPS는 1.468에 달했다. 김장백 운영팀장은 "문현빈이 확실히 어떤 경계선을 넘어 다른 단계의 선수로 올라선 것 같다"고 감탄했다.

분위기를 끌어올리는 폰세

한화는 문현빈의 홈런에 이어 노시환의 3루타와 채은성의 추가 적시타로 점수를 더 뽑아 결국 11-2로 크게 이겼다. '문노채' 중심타선이 10안타 9타점을 합작한, 더할 나위 없는 경기였다. 폰세는 마지막 아웃카운트를 잡은 와이스에게 달려가 깊은 포옹을 나눴고, 한화는 19년 만에 감격적인 한국시리즈행 티켓을 거머쥐었다. 그날 밤 대전 시내 곳곳에는 한화 저지를 입고 축배를 드는 야구팬들의 환호가 여기저기서 울려퍼졌다.

1·3차전 합계 6이닝을 10탈삼진 무실점으로 막은 문동주는 PO MVP로 선정됐다. 2007년 준PO의 류현진 이후 18년 만에 탄생한 한화의 '가을시리즈 MVP'였다. 문동주는 "두 번이나 데일리 MVP를 받았으니 솔직히 '가능성이 좀 있지 않을까' 생각하긴 했다"며 쑥스럽게 웃었다.

"대전에서 멋지게 한국시리즈 진출을 확정하려고 5차전까지 왔나 봐요.

5차전 투구를 마치고 팬들에게 인사하는 폰세

홈팬들 앞에서 이렇게 좋은 결과를 냈으니, 오히려 잘된 거라고 생각하려고 해요. 정규시즌 마지막 등판에서 LG를 상대로 부진했는데, 한국시리즈에서 다시 만나게 돼 더 의미 있네요. 준비는 똑같이 하겠지만, 마음가짐은 다를 것 같습니다." 한화는 그렇게 정규시즌 우승팀 LG가 기다리는 잠실로 향했다.

심우준 주연의 반전 드라마

10월 26일 서울 잠실구장. 19년 만에 치르는 한화의 한국시리즈 1차전 선발은 문동주였다. 익숙지 않은 불펜으로 이동해 팀을 가을야구 최고 무대로 이끈 PO의 영웅. 그러나 최대 7경기를 치러야 하는 한국시리즈에서는 원래 보직으로 복귀해 첫 경기 선발 중책을 맡았다. PO 5차전에 투입됐던 폰세와 와이스가 모두 출격할 수 없는 상황에서, 한화가 가장 믿고 의지할 수 있는 무기는 문동주의 오른팔이었다.

문동주는 경기 초반 눈에 띄게 힘이 떨어져 보였다. PO 1차전에선 최고 시속 161.6㎞까지 찍었는데, 이날은 가장 빠른 공이 시속 154㎞에 머물렀다. 그래도 그는 노련하게 임무를 완수해나갔다. 1회 말 먼저 2점을 내줬지만, 2~3회 말 연속 삼자범퇴에 성공했다. 4회 말 역시 무실점. 다만 5회 말 LG 선두타자 박해민에게 커브를 던지다 뜻밖의 솔로홈런을 맞았다. 1사 후 3루타와 야수 실책으로 1점을 더 내줘 0-4. 결국 그는 한국시리즈 데뷔전에서 4실점(3자책점) 하고 마운드를 내려왔다.

공격에서도 불운했다. 1회 초 1사 1루. PO부터 펄펄 날았던 문현빈의

한국시리즈 1차전 선발 문동주

타구가 잠실구장 외야 한가운데 깊숙한 곳으로 향했다. 그러나 LG 중견수 박해민이 담장 앞에서 뛰어올라 공을 낚아챘다. 상대 호수비로 득점의 물꼬가 막힌 한화 타선은 6회 초 2점을 추격하는 데 만족해야 했다. 2-8 패배. 마운드와 타선 모두 한국시리즈 1차전의 무게감을 실감했다. 김경문 감독은 굳은 표정으로 "안타 수는 7개로 같았지만, 볼넷을 많이 내준 게 아쉽다"며 "지고 난 뒤엔 얘기를 많이 할 필요가 없다. 2차전 준비를 잘하겠다"고 했다.

문동주도 다음 날 아쉬움을 삼켰다. "PO 결과가 좋아서 한국시리즈도 기대했지만, 직구와 변화구가 다 좋지 않았다"며 "포수 최재훈 선배가 열심히 경기를 준비하셨는데, 내가 흔들려서 그걸 다 보여주지 못하셨다. 정말 죄송하다"고 고개를 숙였다. PO 3차전이 끝난 뒤 류현진·폰세·와이스에게 '90도 인사'를 받았던 그는 한국시리즈에서는 자신이 '형님'들에게 인사할 거라고 했다. "저는 절할 준비도 돼 있어요. 90도가 아니라 180도 인사를 드려야죠." 때마침 그 옆을 지나치던 폰세가 큰 소리로 "스마일!"을 외쳤다.

10월 27일 2차전. 이번엔 초반 흐름을 잘 탔다. 문현빈과 노시환이 침체됐던 팀 분위기를 일으켰다. 먼저 문현빈 차례. 1회 초 1사 1루 볼카운트 2볼에서 3구째 체인지업이 한가운데로 몰리자 그대로 잡아당겨 오른쪽 담장을 넘겼다. 우월 선제 2점 홈런이었다. 다음 타자 노시환은 이 홈런의 여운이 채 가시기도 전에 한 방을 더 날렸다. 1스트라이크에서 한가운데로 높게 들어온 직구를 걷어올려 잠실구장 한가운데 담장을 넘어가는 솔로포를 터트렸다. 비거리 139m짜리 초대형 아치. 문현빈과 노시환의 배트에서 한국시리즈 역대 11호 연속타자 홈런이 만들어졌다. 곧바로 손아

2차전에서 백투백 홈런을 날린 노시환

섭의 2루타와 하주석의 적시타까지 이어지면서 4-0 리드. 그 순간만큼은 잠실이 마치 한화의 홈 구장 같았다.

그러나 이번엔 베테랑 선발 류현진이 흔들렸다. 2회 말 안타 5개와 볼넷 1개를 내줘 4-5 역전을 허용했다. 빗맞은 타구가 류현진의 몸에 맞고 굴절돼 내야를 빠져나가면서 2타점짜리 적시타로 이어지는 불운까지 겹쳤다. 3회 말에는 박동원에게 2점 홈런을 맞았다. 3이닝 7실점. LG의 맹공에 눌린 한화는 4회 초 2사 만루에서 문현빈의 밀어내기 볼넷으로 1점을 추가했을 뿐, 더는 추격하지 못하고 5-13으로 졌다. 잠실 1·2차전에서 총 21점을 내주고 2패. 대전으로 돌아가는 발걸음이 무겁기만 했다.

10월 29일 3차전. 마침내 대전에 한국시리즈가 돌아왔다. 한화가 홈에서 한국시리즈 승전보를 전한 건, 1999년의 4차전이 마지막이었다. 2006년 한국시리즈에선 홈에서 1승도 하지 못하고 1승 1무 4패로 시리즈를 끝냈기 때문이다. 야구장 밖은 온통 축제 분위기인데, 벼랑 끝에 몰린 한화 더그아웃엔 긴장감이 감돌았다. 1번 타자로 출격하게 된 손아섭은 "최선을 다해도 최상의 결과를 얻지 못할 때가 있다. 내가 컨트롤할 수 없는 부분이니 답답하기는 하다"면서도 "노시환, 문현빈 같은 젊은 선수들이 주눅 들지 않고 큰 경기를 잘 버텨내고 있다. 홈에 돌아왔으니 승리로 분위기를 바꾸고 싶다"고 각오를 다졌다.

한화는 또 선취점을 뽑았다. 2회 말 채은성과 하주석의 연속 안타로 만든 1사 1·2루에서 최재훈의 좌전 적시타가 나왔다. 그러나 계속된 1사 1·2루에서 상대 유격수 오지환의 재치 있는 플레이에 허를 찔려 상승세에 급 브레이크가 걸렸다. 이도윤의 타구가 2루 뒤쪽으로 높이 떴는데, 인필드 플라이 선언이 나오지 않자 오지환이 일부러 공을 잡지 않고 떨어뜨려 주자 둘을 모두 아웃시켰다. 그대로 이닝 종료. 기세가 꺾인 한화는

3차전에서 한화를 응원하는 대전 홈팬들

3회 초 동점, 4회 초 역전을 곧바로 허용한 뒤 8회 초 추가점까지 내줘 1-3으로 끌려갔다. 에이스 폰세가 6이닝 6탈삼진 2실점으로 역투했지만, 속절없는 3연패가 눈앞으로 다가온 듯했다.

그러나 진정한 한화의 야구는, 홈 관중의 육성 응원이 쩌렁쩌렁 울려 퍼지던 8회 말, 본격적으로 시작됐다. 극적인 역전 드라마의 주인공은 내야수 심우준이었다. 2025시즌을 앞두고 FA로 이적한 그는 리그 최정상급 수비와 빠른 발을 자랑하는 유격수다. 양상문 투수코치는 "심우준이 우리 팀 투수들의 평균자책점을 낮춰 준 일등공신이다. 위기에서 웬만한 타구는 다 잡아주면서 수비로 (상대 공격의) 흐름을 딱 끊어주니, 투수들도 호흡이 돌아오고 여유가 생긴다. 야구에선 그런 게 정말 중요하다"고 치켜세우곤 했다.

다만 공격 능력에는 늘 물음표가 붙었다. 정규시즌 그의 타율은 0.231.

출루율(0.287)이 낮아 좀처럼 1루를 밟지 못하니, 장기인 도루도 11개에 그쳤다. 2021년 KT의 통합 우승 멤버인 그는 팀에서 몇 안 되는 '한국시리즈 경험자'였지만, 그런 이유로 가을의 주전 유격수 자리를 차지하지 못했다. 이날도 마찬가지. 김 감독은 "수비보다는 공격력 강화에 초점을 맞췄다"며 심우준을 선발 라인업에 포함하지 않았다. 그러나 그를 위한 진짜 무대는 더 결정적인 순간 찾아왔다.

한화가 1-3으로 뒤진 8회 말, 선두타자로 나선 대타 김태연이 좌중간 2루타로 출루하면서 마지막 기회가 왔다. 다음 타자 손아섭도 우중간으로 안타를 때려 무사 1·3루. 리베라토가 삼진으로 돌아섰지만, 문현빈이 좌중간에 떨어지는 적시타를 쳐 1점을 추격했다. 2사 후엔 채은성과 대타 황영묵이 차례로 볼넷을 골라 밀어내기로 3-3 동점을 만들었다. 심상치 않은 '대운'이 감돌던 2사 만루. 7회 말 대주자로 투입됐던 심우준이 이날

포효하는 김서현

의 첫 타석에 섰다. 대타와 대주자 카드를 모두 소진한 한화는 그대로 심우준에게 운명을 맡겨야 했다.

심우준은 흔들리던 LG 불펜 유영찬의 3구째 시속 151㎞ 직구를 잡아당겼다. 타구는 3루수 키를 훌쩍 넘어 좌익선상을 향해 굴러갔다. 적시 2루타. 밤하늘이 떠나갈 듯한 함성 속에 문현빈과 채은성이 차례로 홈을 밟았다. 이적 후 한국시리즈에서 때려낸 첫 안타가 가장 값진 승리로 연결되는 순간이었다. 2루에 안착한 심우준은 그동안 목말랐던 함성을 마음껏 내질렀다. 정규시즌 막판부터 슬럼프에 빠졌던 마무리 투수 김서현은 마지막 $1\frac{2}{3}$이닝을 무실점으로 막고 많은 감정이 담긴 눈물을 쏟았다.

경기 후 만난 심우준은 상기된 표정으로 말했다. “당연히 1차전부터 뛰고 싶었어요. 하지만 타격감을 더 끌어올려서 출전 기회를 만드는 것도 제

3차전의 영웅이 된 심우준

몫이잖아요. 그동안 독기를 품고 기다렸습니다. 남은 경기에서 계속 선발 라인업에 못 들어가더라도, 변함없이 독기를 품고 기회를 기다릴 겁니다." 한화는 그렇게 6,946일 만의 한국시리즈 승리를 거머쥐었다.

와이스의 투혼 그리고 뜨거운 안녕

한국시리즈 4차전이 열린 10월 30일은 와이스의 네 번째 결혼기념일이었다. 지난해 여름까지 미국 독립리그를 전전하며 은퇴를 고민하던 그가 KBO 포스트시즌 최고 무대인 한국시리즈에서 '인생투'를 펼쳤다. 그가

한국시리즈 4차전에서 역투한 와이스

교체를 앞두고 최재훈과 포옹하는 와이스

친아버지처럼 따르는 장인은 관중석에서 그 장면을 지켜보며 눈물을 쏟았다. 완벽한 하루가 될 듯했던 이날의 유일한 아쉬움은, 그 역투가 무위로 돌아갔다는 것이다.

아내 헤일리는 와이스의 한국시리즈 등판 하루 전날, 남편 몰래 장인 마이크 맥패든을 한국에 초청했다. 양친이 모두 세상을 떠난 와이스에게 장인 마이크와 장모 아만다는 친부모 이상의 존재다. 와이스는 2021년 헤일리와 결혼한 뒤 '가족'이라는 울타리 안에서 인생의 새 힘을 얻었다. 마이크와 아만다 부부도 인기 예능 프로그램 〈어서와~ 한국은 처음이지?〉에 출연해 사위를 향한 극진한 애정을 표현했다. 와이스는 "가족은 내게 가장 큰 의미다. 내가 1회에 강판하든, 9회까지 마운드를 지키든, 결과에 상관없이 항상 날 응원해주는 존재"라고 고마워했다.

와이스는 팽팽한 0-0 승부가 이어지던 4회 초까지 2루 한번 내주지 않고 경기를 압도했다. 1-0 리드를 잡은 5회 초 처음으로 1·3루에 몰렸지

포효하는 와이스

만, 병살타로 위기를 무사히 넘겼다. 마지막 위기는 7회 초였다. 1사 1루에서 유격수 땅볼을 유도했는데, 1루 주자를 2루에서 잡으려다 타자 주자까지 모두 세이프됐다. 1사 1·2루. 그래도 그는 흔들리지 않았다. 다음 타자를 또 유격수 땅볼로 유도했고, 이번엔 문제없이 병살타를 솎아냈다. 다시 무실점. 다만 7회까지 투구 수가 이미 106개였다. 그게 그의 마지막 아웃카운트가 될 것으로 보였다.

와이스는 예상을 뒤엎었다. 8회 초에도 마운드에 올라왔다. 그는 나중에 "가능하다면 몇 구가 되든, 경기 끝까지 던지고 싶었다. 어차피 내게는 마지막 한국시리즈 등판이 될 테니, 모든 힘을 다 쏟아내고 싶었다"고 털어놨다. 실제로 와이스는 8회 초 첫 두 타자를 연이어 삼진으로 돌려세워 여전히 살아 있는 힘을 뽐냈다. 그러나 그가 다음 타자 신민재에게 우중간 2루타를 허용하자 한화 더그아웃이 움직였다. 와이스가 투수코치를 향해 다급하게 "나오지 말라"는 손짓을 보냈지만, 벤치는 이미 결단을 마친 듯했다. 와이스는 자신의 공을 받아준 포수 최재훈과 포옹하면서 아쉬움을 달랬다. 최종 투구 수는 117개, 성적은 7$\frac{2}{3}$이닝 4피안타 7탈삼진 1실점. 혼신의 힘을 다하고 마운드를 내려오는 와이스를 향해 오렌지색 물결을 이룬 한화팬의 기립박수와 함성이 쏟아졌다. 경기가 그대로 끝났다면, 한화와 와이스 모두에게 잊지 못할 명장면으로 남았을 순간이다.

한화는 그때 3-0으로 앞서고 있었다. 4회 말 1득점으로 살얼음판 리드를 이어가다, 7회 말 문현빈의 2타점 중전 적시타가 터져 한결 여유를 찾은 참이었다. 와이스 교체 후 김범수가 적시타를 맞아 3-1까지 쫓겼지만, 8회 말 추가점을 뽑아 한 발 더 달아났다. 이원석이 투지로 만들어낸 좌전 안타와 2루 도루에 최재훈이 적시타로 화답하면서 4-1이 됐다. 눈앞으로 다가온 듯했던 한국시리즈 홈 2연승. 5차전도 대전에서 열릴 예정이었으니, 2패 후 2승을 거둔 한화가 오히려 더 유리한 흐름을 탈 수 있는 기회였다.

5차전 투구를 마친 류현진과 그를 맞이하는 동료들

승리까지 남은 아웃카운트는 단 3개. 그러나 바로 그 순간 마운드가 무너지기 시작했다. 9회 초 LG 선두 타자가 볼넷으로 출루하면서 무사 1루. 김서현이 박동원에게 중월 2점 홈런을 맞았다. 순식간에 4-3. 1사 후엔 또 다른 타자가 볼넷으로 걸어나갔다. 한화는 투수를 박상원으로 교체했지만, 한번 분위기를 탄 상대 중심 타선을 막아내기엔 역부족이었다. 2사 2·3루에서 김현수의 2타점 역전 적시타가 터졌고, 문보경과 오스틴 딘의 쐐기 적시타가 이어졌다. 최종 스코어는 4-7. 마지막 1이닝 동안 안타 5개와 볼넷 2개를 내주고 6점을 빼앗겼으니, 이길 도리가 없었다. 김경문 감독은 "무조건 이겨야 하는 경기였는데, 역전당해서 아쉽다"고 고개를 숙였다. 한국에 단 3명뿐인 '1,000승 감독'의 입에서, 올가을 벌써 두 번째로 "야구가 정말 어렵다"는 한탄이 나왔다.

5차전에서 역투하는 정우주

아쉬움으로 가득한 한화 더그아웃

다음 날 만난 와이스는 "포스트시즌 경기에선 당연히, 무조건, '승리'가 유일한 목표다. 때마침 결혼기념일이라 승리의 기쁨을 만끽하고 싶었는데, 결과가 그렇게 되지 못해 아쉽다"며 "나와 팀 동료 모두 4차전 결과가 분했다. 5차전은 반드시 이겼으면 좋겠다"고 전의를 다졌다. 그는 경기 후 숙소로 돌아가면서 5차전 선발 문동주와 이런저런 얘기를 나눴다고 했다. "그 내용이 무엇인지는 일단 내 마음속에만 간직할게요. 문동주는 제가 본 투수들 중 가장 재능이 뛰어난 친구이니, 그가 자신의 역할을 해낼 거라고 믿습니다."

한화가 5차전에서 승리하고 문동주가 호투했다면, 둘 사이에 어떤 대화가 오갔는지 들어볼 기회가 생겼을지도 모른다. 그러나 다 잡았던 승리를 눈앞에서 놓친 한화는, 1승 3패 벼랑 끝에서 더는 힘을 쓰지 못했다. 지친 선발 문동주의 직구 구속은 평소 그의 변화구 구속만큼 떨어졌다. 그는 결국 1이닝 1실점 후 정우주로 교체됐다. 타선도 2회 말 2사 만루에서 땅볼로 1점을 뽑았을 뿐, 좀처럼 추격 기회를 살리지 못했다. 그럼에도 한화는 끝까지, 할 수 있는 모든 것을 했다. 불펜 대기를 자청한 '리빙 레전드' 류현진이 8회 초 마운드에 오르던 낯선 순간, 몇몇 팬은 오렌지색 응원 수건으로 눈물을 훔쳤다.

1-4로 뒤진 9회 말 2사 후. 노시환이 마지막 안타와 마지막 도루로 마지막 기회를 만들었다. 마지막 타자 채은성이 땅볼을 치고 아픈 왼발로 1루까지 전력 질주했지만, 끝내 마지막 아웃을 당했다. 채은성이 차마 뒤를 돌아보지 못하고 아쉬워하는 사이, 한화의 뜨거운 가을은 막을 내렸다. 잊지 못할 1년을 보낸 폰세는 마지막까지 더그아웃에 남아 그라운드를 바라보다, 대전 마운드의 흙을 주머니에 한 움큼 챙겼다.

2025년의 마지막 선수단 미팅. 눈물과 한숨으로 아쉬움을 달랜 선수들이 하나둘 라커룸에 모였다. 주장 채은성은 다 쉬어버린 목소리로 말했다. "다들 감사합니다. 모두 마지막까지 잘 싸워서 여기까지 왔습니다. 다 함께 단기전을 경험하면서 느낀 모든 걸, 선수 개개인이 잘 새겼으면 좋겠습니다. 이제부터가 우리의 '또 다른 시작'이라고 생각합니다." 그리고 그날 밤, 한화 선수들은 대전 시내 모처에 모여 셀 수 없이 많은 술병을 비웠다.

내년을 기대하게 만드는 정우주의 투구

Eagles
손아섭
목원대학교
Eagle
심우준
keeper
한국폴리텍대학
Eagles
류현진
99

에필로그

우리는 류현진의 시대에 살고 있다

Hanwha
Eagles

류현진이 메이저리그에 머물던 11년간, 한화의 그 어떤 선수도 비어 있는 99번을 넘보지 않았다. "다른 선수들에게도 저 번호는 너무 무겁겠죠? 이미 사실상의 영구결번 아닌가요." 언젠가 건넨 농담에 한화 관계자는 이렇게 대답했다. "에이, 99번이 왜 비어 있어요? 지금 한화의 99번 선수가 잠깐 미국에서 뛰고 있는 건데요. 저 번호 임자 있습니다."

한때 근본적인 호기심을 품은 적이 있다. "류현진은 왜 한화를 (이렇게까지) 사랑하나." 류현진에게 질문을 던졌더니, 그는 망설임 없이 대답했다. "류현진을 만든 팀이니까." 무슨 그런 당연한 걸 묻느냐는 듯한 표정이었다. 그래도 의문은 다 풀리지 않았다. 세상의 모든 프랜차이즈 스타가 자기 팀을 그렇게까지 사랑하는 건 아니니까.

그런데 이 책을 쓰면서 여러 사람을 만나고 새삼 깨달았다. 한화의 모든 이가 '류현진'이라는 존재를 마음 깊이 자랑스러워한다는 것. 류현진이 한화를 사랑하는 마음 그 이상으로, 한화가 류현진을 사랑한다는 것. 너무 당연해서 잊고 지나칠 뻔했던, 서로를 향한 본질적 믿음을 그렇게 실감했

다. 그 사람들 중 아주 일부의 이야기를 그대로 옮긴다. 그 어떤 미사여구보다 아름다운 마무리가 될 것 같아서.

"류현진과 같은 팀에 몸담은 건 제게 큰 의미가 있는 일입니다. 메이저리그에서 10년 넘게 활약하고, KBO리그에서도 수많은 역사를 남긴 누군가와 같은 유니폼을 입고 뛴다는 건 정말 엄청난 기회이자 영광이거든요. 사람들은 주로 내가 형과 장난치고 농담하는 모습을 많이 봤겠지만, 내가 얼마나 그를 존경하는지는 잘 모를 거예요. 더 많은 사람이 이 마음을 알았으면 좋겠어요. 그리고 그는 우리 팀의 '실질적 리더'예요. 매일 묵묵히 자신이 해야 할 일을 하고, 모든 경기에서 자신의 자리를 지키면서 선수 하나하나를 응원해요. 류현진은 그저 '그 자리에 있는 것'만으로도 힘이 됩니다. 절대 목소리를 높이지 않지만, 말이 아니라 스스로 모범이 됨으로써 선수들을 움직여요." – 코디 폰세

“예전에 등판을 마치고 내려와서 뭔가 아쉬운 마음에 현진 선배님을 바로 찾아간 적이 있어요. ‘이러이러한 면이 부족했던 것 같다’ 고민을 얘기했더니, 선배님이 ‘일단 잘했다’ 하시더니 이렇게 말씀해주셨어요. ‘맞는 건 어쩔 수 없다. 네가 원하는 위치에 공을 던졌으면 괜찮다. 한 타자와 세 번 붙어서 두 번 이겼으면 충분히 잘한 거다’라고요. 그래서 부정적이던 제 마음이 긍정적으로 변했죠. 특히 그게 현진 선배님 말씀이라 더 크게 와닿았던 것 같아요. 2025년 한화 선발진이 서로 지켜봐주고 격려하면서 함께 좋은 성과를 냈는데, 그 문화를 만들어주신 게 현진 선배님이에요. 정말 많이 배웠어요.” – 문동주

“2023년에 토론토로 경기를 보러갔을 때, 끝나고 같이 나오면서 현진이가 그러더라고요. ‘단장님, 저 팔꿈치 수술도 잘 끝났으니까 이제 한화로 돌아가야죠. 한국 가서 아프면 안되니까, 건강할 때 갈게요.’ 그때 얼마나 고마웠는지 몰라요. 진짜 쉽지 않은 결정인데. 본인 메이저리그 커리어를

더 이어갈 수도 있는 상황에서 돌아와준다고 하니까요. 현진이가 온 뒤로는, 외국인 선수들이랑 협상할 때 '류현진'이라는 이름은 꼭 언급하는 것 같아요. 폰세를 데려올 때도 당연히 그랬고. 투수들한테 '자, 네가 체인지업이 조금 약한데, 너 류현진 알지? 그 친구한테 체인지업 배우고 그걸로 한국에서 잘되면, 다시 메이저리그 갈 수 있어' 이렇게 어필하기도 해요.(웃음)" – 손혁 단장

"우리 팀에 류현진이 있는 것과 없는 것은 진짜 차이가 커요. 팀에 큰 나무가 하나 서 있는 느낌이에요. 심지어 류현진은 외국인 선수들도 인정하는 선수잖아요. 다들 현진이가 하는 얘기를 경청하고, 현진이를 보면서 한국 문화에 잘 적응해보려고 하죠. 사실 폰세나 와이스 정도 성적 낸 외국인 선수가 다른 팀에 있으면, 막 어깨 세우고 날아다녀도 돼요. 근데 이 친구들이 그러지 않거든요. 류현진이 중심을 딱 만드니까요. 그게 팀에 굉장

히 좋은 영향을 미쳤다고 저는 생각해요." – 김장백 운영팀장

"저는 데이터, 그러니까 숫자를 보는 사람이잖아요. 그래서 수치로 표현되지 않는 부분을 되게 인정하기 싫어해요. 그런데 류현진 선수한테는 그게 안 돼요. '2025년 한화의 수훈선수가 누구냐' 하면, 전 어쩔 수 없이 류현진 선수를 꼽을 거예요. 특히 폰세와 와이스가 류현진 선수랑 대화하면서 야구가 정말 많이 늘었어요. 그동안 못 깨우치던 부분들을 알게 된 거죠. 어떤 선수들은 '이게 한국 문화니까 이런 건 하지 마라' 하면 이해를 못 하기도 해요. '야구는 미국 건데, 메이저리그에선 되는 게 왜 여기선 안 돼?' 이런 마인드랄까. 근데 한화에선 그런 거 안 통해요. '너 류현진보다 메이저리그 잘 알아?' 하면 누가 이겨요.(웃음) 그러니 모두의 기준이 될 수밖에 없죠." – 전정우 한화 데이터사이언스팀 파트장

"저희가 매월 '위 아 더 퓨처'라는 제목으로 2군 선수 소개 콘텐츠를 찍고 있어요. 2025년엔 1군에서도 업무량이 너무 많아서 좀 벅차기도 했는데, 2군 선수들에게는 큰 동기 부여가 되니까 꾸준히 이어갔어요. 그런데 류현진 선수가 '나 미국에 있을 때부터 그거 다 봤다'고 말씀해주시더라고요. 그 콘텐츠를 보고 2군에 좋은 스피커를 선물해주시기도 하고요. 정말 힘이 나고, 자부심을 느꼈어요. 사실 류현진 선수는 워낙 스타라 다른 매체는 인터뷰 한번 하기 어려운 분인데, 우리 콘텐츠에 늘 흔쾌히 나와주시는 것만으로도 감사하거든요. 세계적인 류현진 선수와 문동주·노시환 같은 선수들이 함께 뛰는 이 순간을 담을 수 있어서, 우리 모두 엄청 영광스러운 타이밍에 일하고 있다고 생각해요." – 이글스TV 관계자

"제가 처음 야구기자가 된 게 2010년이에요. 그때 류현진은 이미 엄청난 선수였고, 친분도 없었죠. 메이저리그에 있을 때도 TV로 보면서 응원만 했고. 그런데 그 류현진이 지금, 저기 우리 옆으로 그냥 평범한 사람처럼 슥 지나가고 있잖아요. 말 걸면 대답도 하고, 사인 좀 해달라면 해주고. 솔직히 가끔 신기할 때가 있어요. 저 선수가 진짜 대단한 투수인데, 우리 팀에서, 지금 여기서 함께 뛰고 있구나. 그런 걸 생각하면 마음이 좀 벅차기도 하고, 제가 지금 하는 일이 뿌듯하기도 하고 그래요. 물론 인터뷰 요청을 거절해야 하거나, 외부에서 사인 요청이 너무 많이 들어올 때는 난감하기도 하지만(웃음). 그래도 '우리가 지금 류현진의 시대에 살고 있다'는 것. 야구계 종사자로서 그것만으로도 충분히 보람찬 일이라고 봅니다."

– 정명의 한화 PR팀 프로

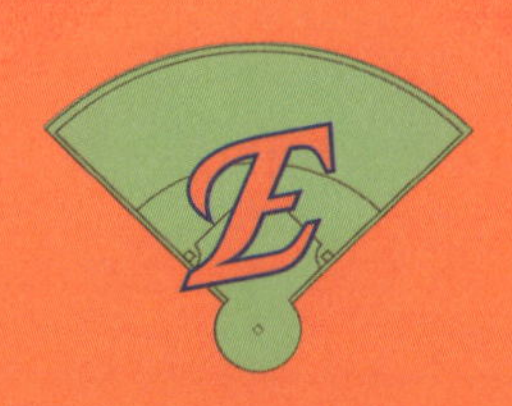